- 西北大学"双一流"建设项目
（Sponsored by First-class Universityies and Academic Programs of Northwest University）资助
- 陕西省社会科学基金项目（立项号：2021D057）资助

Research on the Influence of
Capital Misallocation
on the Behaviors of
Chinese Listed Companies

资本错配对中国上市企业行为的影响研究

武宵旭 ◎ 著

中国经济出版社
CHINA ECONOMIC PUBLISHING HOUSE
北京

图书在版编目（CIP）数据

资本错配对中国上市企业行为的影响研究 / 武宵旭著. -- 北京：中国经济出版社, 2024.5. -- ISBN 978-7-5136-7532-1

Ⅰ.F279.246

中国国家版本馆 CIP 数据核字第 202453MX47 号

责任编辑　贺　静
责任印制　李　伟
封面设计　华子设计

出版发行	中国经济出版社
印 刷 者	北京艾普海德印刷有限公司
经 销 者	各地新华书店
开　　本	710mm×1000mm　1/16
印　　张	14
字　　数	201 千字
版　　次	2024 年 5 月第 1 版
印　　次	2024 年 5 月第 1 次
定　　价	78.00 元

广告经营许可证　京西工商广字第 8179 号

中国经济出版社 网址 http://epc.sinopec.com/epc　社址 北京市东城区安定门外大街 58 号　邮编 100011
本版图书如存在印装质量问题，请与本社销售中心联系调换（联系电话：010-57512564）

版权所有　盗版必究（举报电话：010-57512600）
国家版权局反盗版举报中心（举报电话：12390）　　服务热线：010-57512564

前言

企业作为经济体供给端的基本单元以及社会财富和价值的主要创造者,其投资活动和生产经营行为直接关乎宏观经济层面的供给质量。当前,中国经济正处于从经济增长数量向经济发展质量转变的攻坚期。深入推进供给侧结构性改革、增强金融服务实体经济能力是新常态下中国"着力构建市场机制有效、微观主体有活力、宏观调控有度"经济体制的重要保障。然而,资本要素市场改革滞后所引致的资本价格扭曲、资本错配严重掣肘了中国企业的高质量发展,并成为中国加快转变经济发展方式、提高社会整体生产效率中一块不容忽视的"绊脚石"。鉴于此,本书从资本结构性配置视角,利用2007—2018年中国A股上市企业微观数据,探究资本错配对中国上市企业行为的影响。结合我国创新型国家建设的既定战略目标、当下日益凸显的"脱实向虚"格局、开放型经济体制构建的发展新模式以及"减税降费"政策等事实,分别从企业创新、企业金融化、企业对外直接投资和企业税负四个维度,深入而全面地考察资本错配对中国上市企业行为动态的影响。

研究结论表明,资本错配所导致的企业资本使用成本与生产率"错位",虽然使得一部分企业因资本使用成本过低而获得了比较优势,但这一非市场力量维持的竞争优势并不具备可持续性,且进一步恶化了企业间的要素禀赋结构，从整体上降低了中国上市企业的发展质量。具体地：

（1）资本错配抑制了企业创新数量和创新质量的增长，提高了企业创新风险，造成创新的实质性损失。相比于中小板和创业板企业、劳动密集型企业、外资企业，资本错配对主板上市企业、资本密集型企业和国内企业创新活动的冲击更加严重。表面上，融资约束的正向中介效应削弱了资本错配对国有企业创新数量的负向作用，提高了民营企业创新质量，降低了整体企业创新风险，但实质上，资本错配通过变相提高高生产率、民营企业的资本使用成本，加剧民营企业所面临的融资约束，进一步提高了民营企业的创新风险，造成其创新数量的下降和社会整体的创新损失。加快矫正金融要素市场扭曲，建立健全多层次的资本市场和监管体系，充分推动资本要素市场化，是有效化解当前中国企业创新投融资困境、减少企业创新损失的关键所在。

（2）资本错配助推了企业金融化行为，并造成金融渠道获利减少。该效应存在非对称性，在国有企业、第二产业企业、劳动密集型和技术密集型行业，企业金融化更为凸显；在民营企业、小规模企业、第一和第三产业企业以及劳动密集型企业，金融渠道获利减少更为明显。进一步地，结合企业生产率，本书发现资本错配主要通过提高低生产率企业的金融化程度加剧整体企业的金融化，通过降低低生产率企业的金融渠道收益减少整体企业金融渠道收益，对高生产率企业则不存在显著影响。机制研究表明，资本错配增强企业金融化的作用主要通过降低企业实体利润率、增加企业短期贷款渠道实现。同时，实体利润率的减少和短期贷款的增加可以弱化资本错配对企业金融渠道获利的负向影响。因此，在深化金融体制改革，增强金融服务于实体经济的过程中，需要特别关注资本错配所导致的企业资本使用成本与生产率错位对企业金融化的助推作用，进一步提高企业实体利润率，化解企业生产投资中所面临的"短贷长投"现象。

（3）资本错配促进了中国企业 OFDI 水平的提高，且对国内企业、资本和技术密集型企业、大规模企业的促进作用更为突出。同非避税投资、"顺梯度"投资相比，国内企业的"逆梯度"投资和避税投资显著上升，即资本错配所引致的部分 OFDI 存在制度逃离和避税动机。此外，资本错配显著降低了企业的 OFDI 决策、非避税投资决策，以及向低、中、高收入国家进行海外直接投资的可能性，但明显提高了企业的避税投资倾向。由资本错配所引致的 OFDI 会对国内投资产生明显的"挤出"效应，按照企业所有制、要素密集度和企业规模划分样本发现，该替代作用在劳动密集型行业企业、大规模企业中更为严重；不同所有制企业中存在异质性，对于民营企业来说，其海外投资水平的提升会缓解资本错配对国内投资的负向影响。在我国资本市场不完善背景下，我们不仅需要关注企业对外直接投资数量，还要认识到其 OFDI 可能存在的风险及"质量"问题。加快现代金融体系建设、降低行业内企业间的资本错配，结合中国企业"走出去"的需求，完善企业对外直接投资措施，是提高中国企业 OFDI 质量、充分发挥内引外联作用、实现国内投资与海外投资良性互动、减少中国资本外逃的关键所在。

（4）资本错配弱化了"减税降费"政策的有效性，显著提高了上市企业的实际税负，且主要提高了民营上市企业、小规模上市企业、中小板和创业板上市企业这类"弱势"企业的税负水平。企业海外直接投资、创新产出以及金融化水平的提升均可以缓解资本错配对企业实际税负的提升作用，帮助企业降低税负。政府补贴对企业税负的降低作用会随着资本错配程度的加重而有所下降。在资本错配保持不变的情况下，政府补贴越多，企业税负越高，在一定程度上佐证了中国纳税实务中"列收列支"问题的存在。在财政分权大框架下，进一步推动金融市场化改革、优化税制结构，是扩大中国整体税基水平、实现"减税降费"政策持续有效发挥的重要抓手。

本研究所得结论揭示了资本错配和企业行为之间的因果关系，为更深刻地理解当前上市企业行为动机提供了新视角。在丰富和拓展有关要素资源配置、企业创新、企业金融化、对外直接投资和企业税负等相关文献的同时,也为政府相关政策的制定增加了理论依据和经验证据。

1　导论

1.1　选题背景与研究意义 ………………………………………… 1
　　1.1.1　选题背景 ………………………………………………… 1
　　1.1.2　研究意义 ………………………………………………… 6
1.2　研究思路与研究方法 …………………………………………… 9
　　1.2.1　研究思路 ………………………………………………… 9
　　1.2.2　研究方法 ………………………………………………… 9
1.3　研究内容与研究框架 …………………………………………… 11
　　1.3.1　研究内容 ………………………………………………… 11
　　1.3.2　研究框架 ………………………………………………… 14
1.4　创新之处 ………………………………………………………… 15

2　文献述评

2.1　资本错配的研究动态 …………………………………………… 18
　　2.1.1　资本错配的形成原因研究 ……………………………… 19
　　2.1.2　资本错配的经济后果研究 ……………………………… 21

- 2.2 资本错配对企业创新影响的研究动态 ························· 22
  - 2.2.1 金融发展与企业创新 ······································· 23
  - 2.2.2 要素扭曲与企业创新 ······································· 24
- 2.3 资本错配与企业金融化的研究动态 ························· 26
  - 2.3.1 影响企业金融化的宏观因素 ······························ 26
  - 2.3.2 影响企业金融化的微观因素 ······························ 29
- 2.4 资本错配与企业对外直接投资的研究动态 ················ 30
  - 2.4.1 制度环境、政府干预与企业 OFDI ······················ 30
  - 2.4.2 金融发展、要素扭曲与企业 OFDI ······················ 32
- 2.5 资本错配与企业实际税负的研究动态 ····················· 34
  - 2.5.1 公司治理与企业税负 ······································· 34
  - 2.5.2 外界环境与企业税负 ······································· 35
- 2.6 文献评论 ··· 36

3 资本错配对上市企业行为影响的理论框架

- 3.1 资本错配的理论分析 ······································· 39
  - 3.1.1 资本的定义 ··· 39
  - 3.1.2 资本错配的内涵及形成机理 ······························ 40
- 3.2 资本错配影响上市企业行为的理论分析与研究假设 ····· 45
  - 3.2.1 资本错配影响企业创新的理论分析与研究假设 ······· 45
  - 3.2.2 资本错配影响企业金融化的理论分析与研究假设 ···· 53
  - 3.2.3 资本错配影响企业 OFDI 的理论分析与研究假设 ···· 57
  - 3.2.4 资本错配影响企业税负的理论分析与研究假设 ······· 59

4 资本错配、融资约束与企业创新损失的实证分析

- 4.1 问题提出 ··· 62

4.2 实证研究设计 …… 64
4.2.1 数据来源与数据处理 …… 64
4.2.2 资本错配的典型事实 …… 65
4.2.3 模型构建与变量说明 …… 66
4.3 资本错配与企业创新的实证研究 …… 69
4.3.1 基准模型 …… 69
4.3.2 稳健性检验 …… 72
4.3.3 内生性讨论 …… 74
4.3.4 异质性研究 …… 78
4.4 基于融资约束的机制研究：国有经济与非国有经济的对比分析 …… 84
4.4.1 融资约束对企业创新数量的中介效应分析 …… 85
4.4.2 融资约束对企业创新质量的中介效应分析 …… 87
4.4.3 融资约束对企业创新风险的中介效应分析 …… 89
4.5 本章小结 …… 91

5 资本错配与实体企业金融化的实证分析

5.1 问题提出 …… 93
5.2 实证研究设计 …… 94
5.2.1 数据来源与数据处理 …… 94
5.2.2 模型构建与变量说明 …… 95
5.3 资本错配与企业金融化的实证研究 …… 98
5.3.1 主要实证结果 …… 98
5.3.2 稳健性检验 …… 100
5.3.3 内生性讨论 …… 101
5.3.4 异质性分析 …… 103
5.4 资本错配影响企业金融化的传导机制：实体利润率与短贷长投 …… 110

5.4.1 实体利润率 ………………………………………………… 112
5.4.2 短贷长投 …………………………………………………… 114
5.5 本章小结 …………………………………………………………… 116

6 资本错配、企业海外投资与国内投资的非平衡发展

6.1 问题提出 …………………………………………………………… 118
6.2 实证研究设计 ……………………………………………………… 120
 6.2.1 数据来源与数据处理 ……………………………………… 120
 6.2.2 模型构建与变量说明 ……………………………………… 121
6.3 资本错配与中国企业海外直接投资的实证研究 ………………… 123
 6.3.1 基准模型 …………………………………………………… 123
 6.3.2 稳健性检验 ………………………………………………… 125
 6.3.3 内生性讨论 ………………………………………………… 126
 6.3.4 异质性分析 ………………………………………………… 128
6.4 资本错配影响了何种海外投资 …………………………………… 133
 6.4.1 资本错配与海外投资的避税动机 ………………………… 133
 6.4.2 资本错配与海外投资区位选择 …………………………… 135
 6.4.3 资本错配与海外投资决策 ………………………………… 137
6.5 进一步的考察：资本错配引致的海外直接投资挤出了国内
  投资吗 ……………………………………………………………… 138
 6.5.1 资本错配和海外投资对国内投资的影响 ………………… 140
 6.5.2 资本错配和海外投资对不同所有制企业国内投资的影响 …… 141
 6.5.3 资本错配和海外投资对不同要素密集度企业国内投资的影响
    ………………………………………………………………… 143
 6.5.4 资本错配和海外投资对不同规模企业国内投资的影响 ……… 144
6.6 本章小结 …………………………………………………………… 146

7 资本错配对企业实际税负影响的实证分析

7.1 问题提出 ………………………………………………………… 149
7.2 实证研究设计 …………………………………………………… 151
    7.2.1 数据来源与数据处理 …………………………………… 151
    7.2.2 实证研究设计 …………………………………………… 151
7.3 资本错配对企业实际税负的影响 ……………………………… 153
    7.3.1 基准模型 ………………………………………………… 153
    7.3.2 稳健性检验 ……………………………………………… 155
    7.3.3 内生性讨论 ……………………………………………… 156
    7.3.4 异质性分析 ……………………………………………… 158
7.4 进一步的研究：资本错配背景下，企业如何应对实际税负过高问题 ……………………………………………………………… 162
    7.4.1 资本错配与OFDI对企业税负的交互影响 …………… 163
    7.4.2 资本错配与创新对企业税负的交互影响 ……………… 165
    7.4.3 资本错配与企业金融化对企业税负的交互影响 ……… 167
    7.4.4 资本错配与政府补贴对企业税负的交互影响 ………… 169
7.5 本章小结 ………………………………………………………… 172

8 主要结论与未来展望

8.1 主要结论 ………………………………………………………… 174
8.2 政策含义 ………………………………………………………… 176
8.3 研究不足与未来展望 …………………………………………… 178

参考文献 ……………………………………………………………… 181
附　录 ………………………………………………………………… 205
索　引 ………………………………………………………………… 207

1　导论

中国经济的高质量发展归根结底要通过微观企业的高质量发展予以实现（黄速建等，2018）。从资本错配角度解读中国上市企业行为及其发展状况，对于提升微观企业竞争力、提高企业供给质量具有重要作用；也对于准确把控金融市场改革、增强金融部门对实体经济的支撑能力、有效实现供给侧结构性改革的目标具有关键意义。本章主要就本书的选题背景及意义、研究思路与方法等进行总体情况说明。

1.1　选题背景与研究意义

1.1.1　选题背景

金融作为现代经济发展的核心，在推动一国经济发展中的作用日益凸显。过去40年，以市场化为导向的金融体制改革，在极大程度上刺激了企业的生产积极性，在促进企业全要素生产率持续提高的同时，也加速了社会资本积累，为之后长期实行的高投资、高增长模式提供了有力支撑，成为中国经济增长奇迹的主要动力之一。在统计层面上，我们可以通过图1-1和图1-2略窥中国金融市场化改革的重要成就。以金融机构存贷款余额、贷款余额、股票市场交易总额以及各自占GDP的比重分别作为银行业发展和股票市场发展的测度指标，可以发现1978—2018年，中国金融规模逐年上升，金融机构的年末存贷款余额、贷款余额分别从3045亿元、1890亿元上升到3242674亿元、1417516亿元，年均增长率高达38.22%和

18.00%。另外，存贷款占 GDP 比重也从 0.83 上升到 3.60，贷款占比从 0.51 上升到 1.57，整体呈现出上升态势。1990 年，股票市场交易成功实现零的突破，并在 2018 年达到 896501.12 亿元，年均增长率达 22.80%。其占 GDP 的比重也表现出波动上升趋势，并在 2015 年达到 3.69 的最高点，之后一直保持在 1 以上。

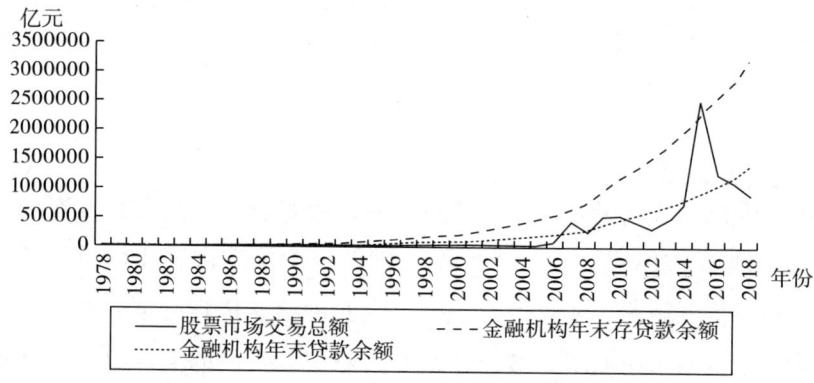

图 1-1　1978—2018 年中国金融部门发展规模

资料来源：《中国统计年鉴》、Wind 数据库。

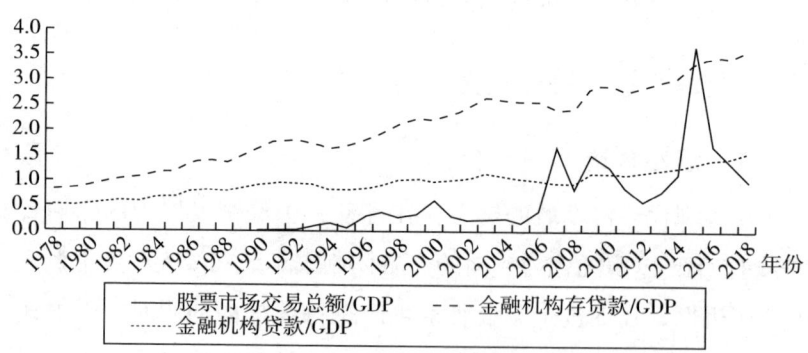

图 1-2　1978—2018 年中国金融部门发展与动态演化趋势

资料来源：《中国统计年鉴》、Wind 数据库。

然而，制度变迁中的中国仍面临市场化程度较低、发展水平较差的典型事实。在国有银行为主导的金融市场结构和金融抑制的制度安排下，中国前期粗放式增长阶段所隐含的结构性问题逐渐"浮出水面"。近些年来，宏观经济层面"流动性过剩"和微观企业"流动性紧张"共存，一方面，中国两个金融市场（正规金融市场和非正规金融市场）的利率水平居高不下，2013年一度出现结构性钱荒，宏观层面的广义货币量M2与名义GDP比值远超世界上主要发达国家，在2018年达到203%；另一方面，货币供给侧的增加并未按照经济学理论的预期，实现资金价格的下降，微观企业"融资难""融资贵"问题依旧突出。中国经济的金融双轨制特征，在引致资金价格和数量管制双重扭曲的同时，也加剧了资本对边际产出的趋势性偏离，使得中国经济结构存在严重扭曲（张军、王永钦，2019）。简单比较2000—2018年中国主要行业间的资本收益率差异①（见图1-3）。不难看出，近20年来，金融部门的资本收益率始终高于其他行业所得到的资本回报，以制造业、房地产业、其他服务业为代表的非金融行业企业的资本回报率则相互重叠，交叉在一起，此消彼长，并不存在某一行业一致高于另一行业的长期趋势。从2001年开始至2008年金融危机冲击之前，金融部门和非金融行业企业资本收益率基本呈现出同步上升态势，前者与后者之间的资本收益率差异大多不超过4个百分点。在此之后，二者出现较大背离。其中，非金融企业的资本收益率开始缓慢下降；金融业则依旧表现出较为强势的资本收益率，平均回报率达到17%，直到最近三年下降到11%附近，由此可以看出资本回报率在不同行业之间的巨大差异。那么，是什么因素导致了金融部门资本收益率显著高于非金融企业？又是什么原因让二者的收益状况在金融危机之后背道而驰？

理论上讲，资本边际收益率递减的规律会让不同行业的长期利润率处于均衡状态。当某一行业的资本收益率明显高于其他行业时，资本逐利的特性就会驱使其从收益较低的行业不断流入该行业，直至该行业的资本收益率与其他行业相一致。然而，中国金融制度尚不完备以及制度性约束所造成的二元经济结构，使得资本等生产要素的跨部门流动和配置阻力较大（刘贯春等，2017；简泽等，2018）。已有研究指出，长期以来，中国企业

---

① 受数据可得性限制，本书仅选用CSMAR上市企业数据库中1990—2018年的数据进行测算。另外，考虑到2000年以前五大国有银行均未上市，金融类上市企业数量较少，代表性较弱，不对1990—2000年各行业的资本收益率作比较分析。

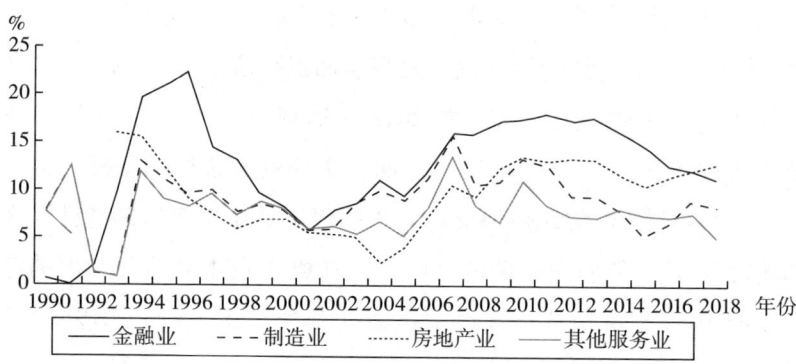

图 1-3　1978—2018 年中国金融部门发展与动态演化趋势

资料来源：《中国统计年鉴》、Wind 数据库，并由笔者计算整理得出。

存在严重的要素价格负向扭曲，其中资本的扭曲程度要高于劳动扭曲程度（王宁、史晋川，2015）。微观层面的资本扭曲破坏了资本、劳动和产出的跨企业配置，不仅造成企业资本使用成本与生产效率的系统性偏离，加剧了总量层面全要素生产率损失，也在一定程度上扭曲了企业层面的投融资和生产性活动（施炳展、冼国明，2012；龚关、胡关亮，2013；张庆君、李萌，2018）。借鉴 Hsieh 和 Klenow（2009）的研究，利用 ACF 方法分年分上市板块测算中国上市企业的资本错配程度（见图 1-4）。可以发现，2007—2018 年，上市企业的整体资本错配基本保持在 0.3 左右。其中，主板上市企业的资本错配程度最高，其平均值为 0.35，其次为中小板（0.21）和创业板上市企业（0.17）。从趋势上看，自 2013 年开始，各板块上市企业的资本错配程度表现出明显上升态势，创业板和中小板的增加幅度尤为明显，2017 年创业板上市企业的平均资本错配程度达到 0.23，中国微观上市企业的资本错配问题由此可见一斑。

实际上，资本错配不仅体现在不同行业之间、不同上市板块之间，还体现在同一行业内的不同企业之间。例如，有学者发现，在中国，国有企业和民营企业之间、大企业和小企业之间存在显著的金融错配现象（纪洋等，2018；张杰等，2013）。过去十多年中，80% 以上的信贷资源流向了国有企业，而占 GDP 比重超过 60% 的民营经济信贷比例不足 20%（张庆

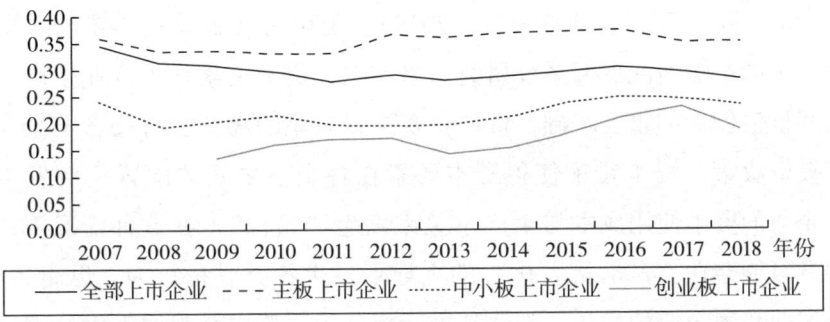

图1-4 2007—2018年中国上市企业平均资本错配程度
资料来源：国泰安（CSMAR）上市企业数据库，并由笔者计算整理得出。

君、李萌，2018）。Johansson 和 Feng（2016）利用 2005—2011 年上市公司的数据得出相似结论，认为国有企业比非国有企业获得了更多贷款，拥有更高的杠杆率。虽然民营企业在生产效率和利润率上表现更佳，但国有企业凭借其与政府和国有银行之间的天然联系，更容易以较低成本获得信贷资源（张庆君、李萌，2018）。除此以外，中国银行业结构（不同规模银行的分布）与企业规模分布的不匹配，中小企业本身抵押资源匮乏、经营风险较高、公司活动透明度差等因素的交织，让不同规模的企业在融资过程中亦面临"规模歧视"问题。现实中，大企业往往能够获得较为低廉的金融支持，而中小企业发展过程中面临融资难、融资贵的现象比比皆是（张一林等，2019）。那么，同一行业内不同企业间资本使用成本的"不平等性"会对微观企业的动态行为产生什么样的影响呢？

综观当前有关资本错配的文献，大量学者就资本错配的成因进行了探讨，认为信息不对称等所导致的金融摩擦（Greenwood et al., 2013；Pratap and Urrutia, 2017；Wu, 2018）、金融发展程度以及金融的可得性（Kalemli-Ozcan et al., 2012；Ek and Wu, 2018）、利率双轨制和信贷配置的制度偏向（Chen and Lin, 2019；简泽等，2018）、政策扭曲和国有企业（Dai and Cheng, 2018；David and Venkateswaran, 2019）等都是造成中国资本错配的重要原因。另外，资本错配引发的全要素生产率损失、城市规模扭曲以及其对社会福利的影响也得到广泛关注（Song and Wu, 2015；

Gopinath et al.，2017；陈诗一等，2019）。但鲜有文献就资本错配对微观企业行为的影响情况展开系统研究。事实上，资本要素作为企业生产经营活动和价值创造的重要基础，资本要素配置效率的高低会直接影响企业的生产投资决策。资本错配使得资本要素在各企业之间的配置比例发生扭曲，企业的资本使用成本与生产率关系发生"错位"，在这种情况下，企业很有可能会在"利润最大化"的主导下发生各类寻租行为。毋庸置疑，这会扭曲我国企业的成长，削弱其国际竞争力，造成微观层面供给端质量的下降，甚至成为整个国家的"灰犀牛"。

基于以上分析，本书利用中国上市企业数据，系统性地探讨资本错配对微观企业行为的影响作用和机制路径，本研究对于中国上市企业质量的提高和中国经济的高质量发展具有重要意义。

1.1.2 研究意义

加快推进资本市场改革、增强金融服务于实体经济的能力是"金融供给侧结构性改革"的核心任务之一。党的十九大报告指出，"着力构建市场机制有效、微观主体有活力、宏观调控有度的经济体制"，"进一步深化投融资体制改革，发挥投资对优化供给结构的关键性作用"。2019年年底的中央经济工作会议再次就"促进多层次资本市场健康发展，更好为实体经济服务，守住不发生系统性金融风险的底线"进行了明确要求。由此可见政府深化资本市场化改革的决心和重点。

事实上，回顾过去40多年中国经济的瞩目成就，不难发现这一"增长奇迹"的发生离不开市场化进程的持续推进以及由此带来的全要素生产率提升（Zhu，2012；刘贯春，2017a）。改革开放以来，以市场价格取代计划价格的资源配置方式和国家行政管控的放松，使得劳动、资本等生产要素在农业和非农部门之间得以自由流动，并通过部门内部的优化重置，大大降低了产品市场和要素市场的扭曲程度，加速了企业生产效率的提高。可以说，正是因为产品和要素市场扭曲的纠正和改善，才造就了中国数十年8%以上的高速增长。尽管如此，作为转型经济体的中国仍然面临众多非市场因素，资本价格管制在有力推动中国过去粗犷式发展的同时，也在一定程度上阻碍了资本市场的进一步市场化,使得金融市场改革进程严重滞后于产品市场和劳动力市场改革,金融体系构成与实体经济发展不相匹配,资本错配现象较为严重。

市场资本配置功能失衡所造成的全要素生产率损失和总产出下降得到了众多学者的佐证(Hsieh and Klenow,2009;Buera,2011;Oberfield,2013;简泽等,2018)。值得指出的是,资本配置的低效率和无效率也会对微观企业的资本可得性和获取难度产生影响,进而改变其行为动态。上市企业作为我国最优秀的企业代表和经济活动的重要微观主体,其生产绩效和市场竞争力的提升直接关乎国家竞争力和未来经济的高质量发展。相比于对宏观经济后果的考察,厘清资本错配对上市企业行为的影响情况、系统探究其对企业行为的影响路径和传导机制相对来说更有意义。第一,资本错配作为偏离市场经济规律的非市场化现象,会使得企业的资本使用成本与生产率分布不相匹配,造成全要素生产率较低的企业过多地使用资本,全要素生产率较高的企业反而过少地使用资本,造成社会总产出的下降和整体福利的损失。第二,在资本有限且稀缺的情况下,资本跨企业的错配虽然让一部分企业以低于市场出清时的资本使用成本得到银行贷款,较多地使用资本,以保证创新的不断投入,但同时也可能增加这些企业进行非生产性的寻租或寻利活动的可能性,从而挤出创新。而对于那些要以高于市场出清时资本使用成本才能得到银行贷款的企业而言,资本使用成本的增加意味着企业融资约束的进一步提高、创新成本和创新风险的积聚,这会降低企业的创新意愿和动力,造成企业创新乏力。第三,资本错配会明显改变企业的融资成本,加剧企业之间的"不平等性",进而改变微观企业的金融投资与实体经济比例。在当前的"经济金融化"趋势下,不同资本使用成本的企业可能会表现出不同的金融化行为。第四,资本作为企业对外直接投资的核心要素,国内资本错配在降低部分企业资本成本、驱使其进行对外直接投资活动的同时,也会因抬高其他企业的资本使用成本,提高其对外直接投资门槛,削弱中国整体企业价值和竞争力,损害中国对外直接投资质量。第五,资本错配还会增加企业经营风险,打击资本成本过高企业的生产积极性，提高其避税逃税动机，损害国家税基。第六，资本错配带来的创新损失、高杠杆率、脱实向虚等问题可能加剧宏观经济的不稳定，不利于中国经济的高质量发展。

通过上述分析，本书的研究意义也是明显的。首先，从理论意义上看，本研究以 Hsieh 和 Klenow（2009）发展起来的一个包含异质性企业的垄断竞争模型为基础，将资源错配进一步细分为资本错配和劳动力错配，并重点就资本错配对微观企业行为的影响进行了拓展。结合中国经济面临的现实问题，本书不仅丰富了有关资本错配理论方面的研究，也为微观层面中国上市企业的行为成因提供了新的解读视角。其次，从现实意义上看，资本要素市场化改革滞后对经济的负向影响越发突出，金融部门俨然成为中国市场经济系统中最为薄弱的环节之一（Allen et al., 2005）。那么，这一偏离市场经济规律的非市场化现象在微观层面上会产生什么样的影响？对企业创新、企业金融化、对外直接投资以及税负等行为的影响程度又有多大？对这一系列问题的回答有助于理解近年来中国上市企业在多个层面上的动态演进趋势，为中国上市企业的高质量发展提供方向。另外，现有关中国资本错配测算的文章多基于中国工业企业数据库1998—2007年的数据展开，最新数据也只是更新到2013年，时效性相对较差，无法准确刻画现阶段中国资本错配情况。鉴于此，本书利用CSMAR数据库披露的上市企业数据，分年分行业测算了中国2007—2018年的资本错配情况。一方面，中国上市企业经审计后的公开披露的数据可靠性较高、更新较快，可以较好地刻画当前现实。另一方面，相比于中国工业企业数据库中企业相对频繁的进入退出，A股上市企业数据可以弱化由企业进入退出所引起的样本选择问题（谢攀、林致远，2016）。在此基础上，通过严谨的计量分析得到较为可靠和丰富的研究结论，力图从资本的结构性范畴打开中国企业发展质量不高的"黑匣子"，为企业创新问题、"脱实向虚"问题、海外投资问题、税负问题等提供直接或间接的微观证据。

1.2 研究思路与研究方法

1.2.1 研究思路

本书试图在整体分析和局部分析统一的理论框架下，立足中国现实问题，从企业创新、企业金融化、对外直接投资和税负等多个现实问题切入，研究资本错配对上市企业微观行为的影响。具体来看，本书首先回顾了资本错配理论与实证研究的发展脉络，随后分别对创新、企业金融化、对外直接投资以及企业税负的相关文献进行了梳理和评述，以发现现有文献的不足之处，形成更为深入的研究策略，挖掘出更具学术和现实意义的研究结论。其次，依据 Hsieh 和 Klenow（2009）构建的异质性企业垄断竞争模型，在测算各上市企业资本扭曲值的基础上，构造出行业层面资本错配指标并对测算结果进行描述性统计分析，初步掌握和了解当前中国上市企业资本错配的特征事实。再次，第 3 章至第 7 章是本书的核心部分，分别就资本错配对企业创新、企业金融化、企业对外直接投资及企业税负的影响作用和机制路径进行分析，之后建立相应的计量模型进行实证检验，进行基准模型分析、稳健性和内生性检验、异质性分析、路径机制分析等，揭示出资本错配对中国上市企业动态的影响。最后，得到本书的研究结论和相应政策启示，并指出本书的研究不足以及未来可进一步拓展的研究方向。

1.2.2 研究方法

基于中国资本要素市场扭曲的典型事实，结合中国现实问题，本书从不同维度分析了资本错配对上市企业行为的微观影响。研究所采用的方法主要包括以下几个方面：

（1）理论分析与实证研究相结合

在客观梳理已有经济理论和实证研究的基础上，本书第 3 章通过构建融合"局部分析"和"整体分析"相统一的理论框架，分析了资本错配对上市企业微观动态的影响。在资本要素市场扭曲的特征事实下，企业会根据其资本使用成本和利润最大化原则进行相应的投融资和生产经营决策,并最终确定其要素投入水平、产出水平和行为特征。首先,本书在 Hsieh 和 Klenow(2009)异质性企业垄断竞争模型的框架下,将资源错配进一步分解为资本错配和劳动力错配,然后重点从资本要素错配角度,在不同维度下探讨了企业资本使用成本与生产效率系统偏离所造成的微观影响以及这一影响在不同企业特征中的异质性表现。其次,在第4章至第7章利用2007—2018年的中国上市企业数据,从创新、企业金融化、对外直接投资、企业税负等多个现实视角切入,实证检验了第3章的理论分析,做到理论与实证的相结合。

(2)中观层面分析和微观层面分析相结合

本书从微观企业利润最大化视角出发,研究资本错配对中国上市企业微观行为的影响。基于一定的核算框架,利用上市企业微观数据,测算了各行业内企业的资本绝对扭曲值和生产率,并在此基础上,利用行业内企业间资本扭曲的离散程度得到资本错配指标,实现了微观层面和中观层面的统一。另外,在实证部分,本书选取多个现实问题,应用第3章的理论分析,从微观企业创新、企业金融化、企业对外直接投资、企业税负等多个层面切入分析资本错配的影响后果,亦是微观企业分析与中观行业分析相结合的体现。

(3)对比分析法

本书还运用对比分析的方法进行研究。在文献梳理部分,通过对比资本错配的国内外研究,发现相比于国外研究,国内的研究仍侧重于资源错配这一较为统一概念,对资本错配、劳动力错配、能源错配等细分研究尚不够充分。而且,新兴经济体企业的金融化行为、对外直接投资和税负等行为的发生除了具有与发达国家企业的一般共性之外,亦具有其自身的独特性。另外,为更加全面地理解资本错配对中国上市企业的微观影响,我们从企业的所有制性质、规模大小、要素密集度等多个维度,比较了国有企业、民营企业、外资企业的不同,大企业和小企业的不同,资本错配对劳动密集型、资本密集型、技术密集型行业企业的异质性影响,以求丰富本书的研究结论和理论内涵。

（4）多种实证计量方法的综合运用

为提高研究质量，得到稳健可信的研究结论，本书对不同研究主题和数据特征采用了不同的数量模型和计量方法，例如，在度量资本错配指标时，本书使用了数量模型推导的方式。在实证分析时，除了运用普通最小二乘法（OLS）外，还根据被解释变量的特征选择更为合适的计量方法。例如，当被解释变量创新风险变量、OFDI决策变量为二值变量时，本书会选择Probit模型予以估计；当被解释变量企业实际税率具有明显的范围限制，是介于0和1之间的双截尾数据时，本书会选用Tobit模型以解决采用OLS所得结果可能存在偏差的问题。同时，我们也注重构造外生变量，使用含有工具变量的两阶段最小二乘（2SLS）等方法解决模型潜在的内生性问题。

1.3 研究内容与研究框架

1.3.1 研究内容

第1章是导论。该部分概括性地介绍了本书的选题背景与研究意义，同时说明研究思路与研究方法，研究内容与研究框架，以及可能的主要创新点。

第2章是文献述评。通过细致梳理有关资本错配、企业创新、企业金融化、企业对外直接投资、企业税负五个领域的理论和实证研究，在把握现有文献的发展脉络、找出其不足的基础上，确定本书的主题和方向。此部分主要围绕五方面展开：一是资本错配的文献综述，主要包括资本错配的形成原因及其所导致的经济后果。二是企业创新的文献综述，根据本书研究重点，主要梳理了有关金融发展与企业创新、要素错配与创新之间的文献研究。三是企业金融化的文献综述，包括宏观层面的制度环境、金融部门与实体部门利差、经济政策不确定性、新兴经济体欠发达的金融体系和信贷歧视对企业金融化的影响，微观层面的公司治理、内部资本市场、高管特质等因素对企业金融化的影响。四是企业对外直接投资的文献综述，主要从影响企业资本要素获取的制度环境因素和金融因素等视角出发，梳理了有关企业对外直接投资的影响因素。五是企业税负的文献综述，包括企业所处外界宏观环境以及自身要素禀赋和经营特点，从两方面总结了当前影响企业税负的内外部因素。

第3章是理论分析。本章首先就资本错配的内涵和理论模型进行了阐述与推导说明。在此基础上，利用ACF方法对中国上市企业的分行业资本错配进行了逐一测算和特征分析。其次，根据资源配置效率理论、创新理论、金融抑制和金融深化理论、企业对外直接投资理论、企业异质性理论以及税收遵从理论等，给出了资本错配影响企业创新、企业金融化、企业对外直接投资、企业税负的理论分析。

第4章是资本错配与中国上市企业创新。本章利用中国沪深A股上市企业2007—2018年数据，实证考察了资本错配与企业创新之间的关系。首先，构建资本错配与企业创新的计量模型，阐述指标构造和相应数据来源。其次，分析了资本错配对企业创新数量、创新质量和创新风险的整体影响，并进行相应的稳健性检验和内生性讨论。再次，对比分析不同上市板块、不同要素密集度以及该所有制性质企业的情况。随后，在上述研究基础上，深入考察企业融资约束状况在资本错配对企业创新影响中的作用，并对比了融资约束在国有经济与非国有经济中的不同影响。最后，对本章的主要结论作简要总结。

第5章是资本错配与中国上市企业金融化。本章利用非金融类上市企业数据，从金融资产占比和金融渠道获利的双重视角考察了资本错配对企业金融化的影响，并就二者间的影响机制进行检验。首先，对本章所用数据进行简要的描述性统计。其次，构建资本错配与企业金融化的计量模型，初步考察资本错配对企业金融化、金融渠道获利影响的整体情况；接着对上述结论做稳健性检验和内生性检验，保证研究结论的可靠性和稳健性。再次，将总样本划分为国有企业和民营企业，大规模企业和小企业，第一、二、三产业，劳动密集型、资本密集型和技术密集型企业，依次进行分组估计，进一步区分资本错配对不同企业金融化程度和金融渠道收益的异质性影响。又次，基于实体利润率和短贷长投的中介效应，深入研究资本错配对企业金融化和金融渠道获利影响的机制。最后，对本章内容进行总结。

第6章是资本错配与中国上市企业对外直接投资。对外开放是实现国家繁荣发展的必由之路，本章从资本结构性配置视角，分析了资本错配中国上市企业的对外直接投资问题。首先，利用CSMAR "中国上市企业关联交易研究数据库"提供的中国上市企业关联企业的基本情况，识别出企业的对外直接投资和国内投资，并做基本的统计性描述。其次，构建资本错配与企业对外直接投资的计量回归模型，就二者的整体情况进行考察，并做稳健性和内生性检验。再次，分组回归资本错配对异质性企业对外直接投资的影响。根据企业海外投资地，识别了资本错配影响企业对外直接投资的类型和动机，以及资本错配对企业海外避税投资决策和不同发展水平国家投资决策的影响。最后，构建有关资本错配、企业对外直接投资和国内投资的回归方程，考察资本错配和其引致的海外投资是否对国内投资具有挤出或支持效应。

第7章是资本错配与中国上市企业税负。本章主要探讨了资本错配对企业实际税负的影响以及这一影响对现行"减税降费"政策可能存在的削弱作用。在进行回归之前，本章首先对相关变量做了描述性统计和相关系数检验。其次，构建计量模型检验资本错配对企业实际税负的总体影响，并进行稳健性和内生性检验。再次，按照企业所有制性质、规模大小、上市板块等的不同进行分组检验。又次，根据上文所得出的实证结果，构建资本错配与企业其他行为和政府补贴的交互项，检验国内资本错配的现实背景下，资本错配和其他特定因素对企业实际税负的交叉影响。最后，对文章的内容和所得结论进行简要总结。

第8章是研究结论与未来展望。在概括、总结全书研究结论的同时，结合当前国内外经济环境，本书提出了一些政策建议和研究启示，认为加快现代金融体系建设、降低行业内企业间的资本错配、优化企业的长期经营环境，才能推动中国经济结构优化，充分发挥内引外联作用。同时，讨论了本书的不足以及今后的研究问题与方向。

1.3.2 研究框架

本书的研究框架如图 1-5 所示。

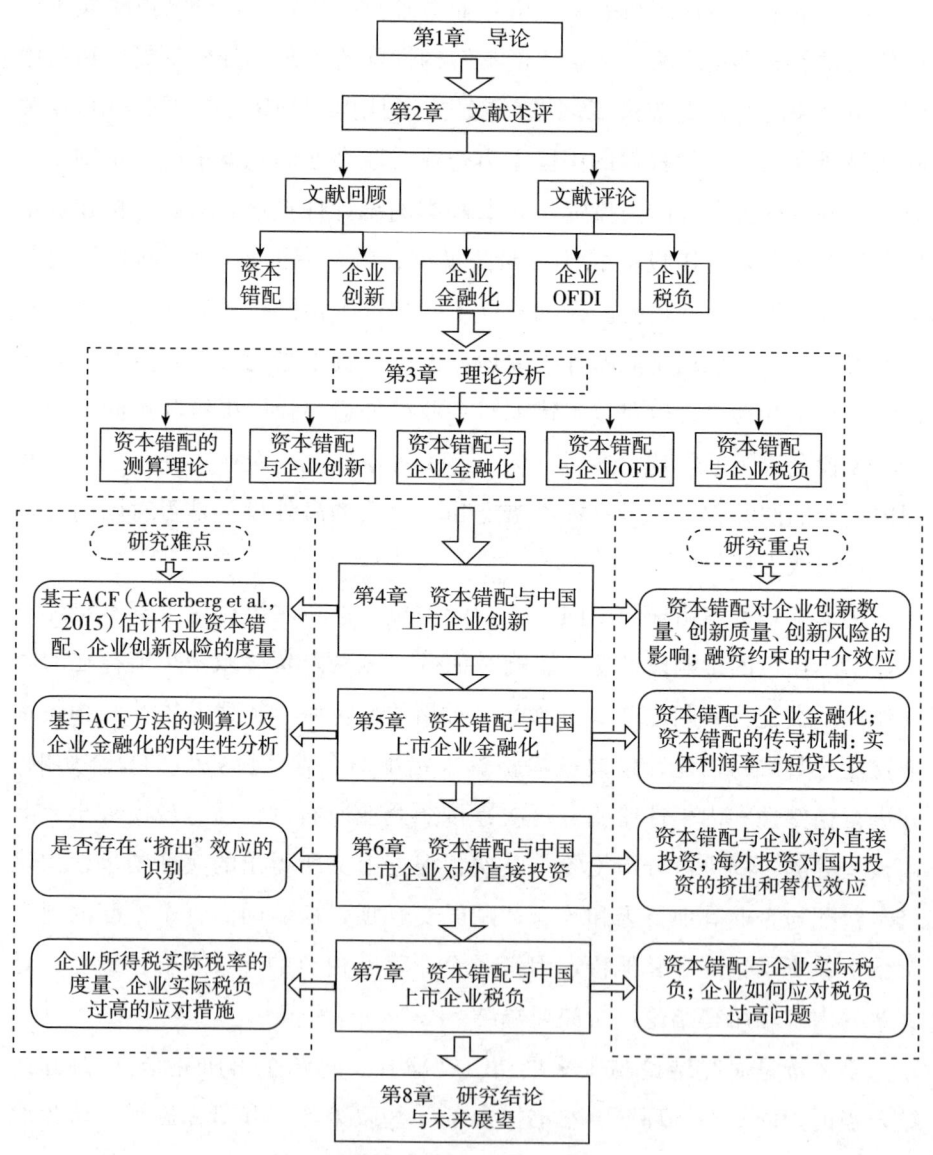

图 1-5 本书研究框架

1.4 创新之处

本书基于资本配置效率视角,在融合整体分析与局部分析的统一理论框架下,以资本错配为切入点,从理论和实证两个层面系统考察了资本错配对中国上市企业动态的微观效应及作用机制。具体地,借鉴 Hsieh 和 Klenow(2009)构建的异质性企业垄断竞争模型,在测算行业资本错配的基础上,就资本错配对企业创新、企业金融化、对外直接投资和实际税负行为的影响展开细致分析,为更深刻地理解当前企业行为动机提供了新视角。相比以往文献,本书可能的边际贡献主要体现在以下三个方面。

(1) 拓展和深化了资源错配领域的相关文献。现有关资源错配的文献主要就土地资源错配(盖庆恩等,2019)、劳动力市场扭曲(蒲艳萍、顾冉,2019)、人力资本错配(李静、楠玉,2019)、中间产品市场扭曲(刘宗明、吴正倩,2019)、制度扭曲与中国城乡收入差距(孙华臣、焦勇,2019)等进行了考察,有关资本错配的研究尚不够充分。另外,针对资本错配的研究大多停留在资本错配对全要素生产率影响的层面或研究样本多局限于中国工业企业数据库,对其他经济后果的讨论和上市公司的关注稍显不足(简泽等,2018;王文、牛泽东,2019)。仅有陈诗一等(2019)从地区间资本错配视角出发,研究了城市间资本配置情况对城市规模与社会福利的影响。王竹泉等(2017)利用基于营业活动重新分类视角下的企业资本错配指标,研究了上市公司内部资本错配对公司价值的影响。王文和牛泽东(2019)认为,上市企业所面临的资源错配大约能够解释其 TFP 损失的一半。本书为资本错配对微观企业行为的影响提供了直接的经验证据,同时也为微观层面企业动态的变化和成因提供了新的解读视角。

(2) 在理论方面,本书结合资源配置理论、创新理论、金融抑制和金融深化理论、企业异质性理论、对外直接投资理论、纳税遵从理论等,通过逻辑推演和数理模型相结合的方式,分析了资本错配影响微观企业动态的微观机理。在统一框架内,从外源融资阻力、实体利润率、短贷长投、企业生产率等可能渠道,探索了资本错配影响微观企业创新和金融化的深层原因。同时，从国内和国际"两个大局"出发，就资本错配、对外直接投资与国内投资的互动作用展开讨论；通过资本错配与特定因素的交互，比较特定因素和资本错配对企业实际税负的影响。在丰富和拓展有关企业创新、企业金融化、对外直接投资和企业税负方面的文献的同时，也为政府相关政策的制定增加了理论依据。

（3）在实证方面，本书首先利用较新的ACF方法测算了资本错配和企业生产率，在此基础上，分别就资本错配对企业创新、企业金融化、企业OFDI和税负行为的影响展开分析。具体地：

对于企业创新而言，现有研究在识别要素错配和创新的关系时，多借助于樊纲等所构建的相关指数间接测度地区层面要素市场扭曲程度（张杰等，2011；戴魁早、刘友金，2016a；戴魁早、刘友金，2016b），或就省际层面的创新效率予以度量（李平等，2014；白俊红、卞元超，2016；李晓龙、冉光和，2018），鲜有文献关注行业内企业间资本错配对微观企业创新行为的影响及其背后的深层原因。就研究对象而言，已有研究大多采用R&D投入或专利数对企业创新进行衡量，既没有将创新产出的数量和质量加以区分，也少有研究将创新风险纳入分析之中。事实上，由于逆向选择和道德风险引起的信息不对称，高风险往往是企业从事创新活动的重要考虑因素，值得重点关注。本书在测算行业资本错配的基础上，从创新数量、创新质量和创新风险三个维度检验了资本错配对上市企业创新行为的影响。按照所有制结构划分样本的机制研究显示，在外源融资阻力可能更加大的企业中，资本错配对创新的抑制效应更加严重，提供了资本错配通过融资约束阻碍企业创新的直接证据。

对于企业金融化，现有文献已然揭示了企业金融化与宏观经济变化和公司治理机制的潜在影响密不可分，但这些研究均没有聚焦于资本要素相对价格这一重要因素，从资本市场是否得以有效配置的视角，对我国企业金融化问题进行反思和检视。与现有文献从单方面衡量企业金融化不同，本书从投入和产出、静态和动态两个视角，考察了资本错配对企业金融资产持有份额和金融渠道获利的影响，对理解当前经济"脱实向虚"现象具有更强的现实意义，同时也能够为防范化解金融风险和深化金融市场改革提供一个更为深入的微观视角。

对企业 OFDI 的研究，现有研究仍存在以下不足：一是自 2010 年以来中国对外直接投资增长迅猛，但以上文献的数据多源于《中国工业企业数据库》或就省级层面的 OFDI 进行分析，时间上相对滞后；二是在 OFDI 变量的构建上，多采用是否存在海外投资的虚拟变量，忽略了有关企业海外投资等其他重要信息。因此，结合中国经济转型的制度背景，系统考察资本错配对企业 OFDI 的可能影响，以及企业海外投资与国内投资的关系，对于提高中国企业 OFDI 质量、充分发挥内引外联作用、实现国内投资和海外投资双元平衡具有重要意义。

对企业税负的研究，本书基于中国资本错配的特征事实，从资本结构性配置视角，首次评估了行业资本错配对企业实际税率的影响，为中国企业实际税负影响因素的探讨提供了新的切入点。基于异质性的研究发现资本错配主要提高了"弱势"企业的实际税负，这一结论在一定程度上可以为中央新一轮减税政策的制定和实施提供理论支持。本书进一步考察了资本错配下企业为降低实际税负而可能采取的"避税"措施，分析了资本错配与企业 OFDI、创新、企业金融化以及政府补贴的相互作用，为更深刻地理解当前企业行为动机提供了新视角。

另外，考虑到资本错配可能存在的内生性问题，本书一方面使用两阶段最小二乘法（2SLS）等计量方法解决内生性问题；另一方面，尝试构造相应的工具变量和外生性指标，比如使用资本错配的滞后一期作为"历史变量"、将同行业其他企业的资本错配平均值作为解释变量进行回归等，从而减小回归偏差，提高研究结论的可靠性。

2 文献述评

本书主要研究资本错配对微观企业行为的影响效应和作用机制。根据研究重点,本章的文献述评主要围绕以下三个方面展开:一是简要回顾资本错配的形成原因和其所导致的经济后果;二是梳理和归纳金融发展、要素扭曲等相关因素对企业创新、金融化、对外直接投资以及税负行为的影响;三是对既有文献研究进行简要评论。

2.1 资本错配的研究动态

不同国家和地区之间的增长模式缘何展现出差异化特征是发展经济学领域的重要问题之一。大量文献从全要素生产率视角出发,认为异质性的生产要素、技术进步及其扩散速度是造成跨国收入差距的根源所在。实际上,即使在相同生产技术水平下,同一生产要素在不同国家或地区的回报率也会表现出巨大差异,即不同部门之间的资源配置效率会对 TFP 产生重要影响(Restuccia and Rogerson, 2008; Hsieh and Klenow, 2009; Bartelsman et al., 2013)。Banerjee 和 Duflo(2005)指出,资源错配在世界各国中普遍存在,对于发展中国家而言,这一现象更为严重。金融抑制和金融发展水平落后(Radim and Hugo, 2011; Azariadis and Kaas, 2016),政策性扭曲、信息不对称等造成的异质性借贷成本、融资约束等金融摩擦(Gilchrist et al., 2013; David and Venkateswaran, 2019),政府干预以及国有企业(Johanssona et al., 2017; Dai and Cheng, 2018)等因素的存在,都使得资本要素在不同部门之间的自由流动受阻。围绕研究主题,下文主要就影响资本错配的潜在因素及其所导致的经济后果展开述评。

2.1.1 资本错配的形成原因研究

(1) 金融发展、金融抑制对资本错配的影响。一国的金融发展水平程度直接关乎金融市场运行效率,进而影响着其他经济部门的生产、投融资、劳动雇佣等决策行为。通过对比中国、印度、日本和美国等国家的金融发展水平,Marconi 和 Upper(2017)发现,更为发达的金融系统在有效分配资本投资方面表现更为突出,区域金融一体化、金融市场效率提高能够缓解资本错配(Radim and Hugo,2011)。发展中国家的资本错配程度较高,究其原因,一方面,金融发展落后使得企业信贷资源获取难度较大,信贷受限严重,企业长期项目投资不足,短期项目过度投资(Benhima,2013;张杰、杨连星,2015)。另一方面,金融抑制和制度性约束造成的二元经济结构阻碍了资本等生产要素在不同部门和企业之间的自由流动,使得低效率企业资本占用过多,高效率企业资本配置不足(Buera et al.,2011)。例如,Song 和 Xiong(2018)认为,中国金融体系扭曲的恶性循环不仅会降低资本配置和经济增长效率,而且从长远来看最终会加剧金融风险。David 和 Venkateswaran(2019)研究发现,更高的资本调整成本和信息摩擦使得中国企业比美国企业面临更为严重的资本错配。Chen 和 Lin(2019)指出,中国利率双轨制让国有企业和民营企业的贷款利率存在显著差异,这一利率楔形扭曲了资本配置。杨筝等(2017)利用中国人民银行取消贷款利率上下限的准自然实验,发现中国利率市场化的推进有助于企业资本配置效率的提高、减少企业的非效率投资和激进性负债程度。

(2) 金融摩擦、制度扭曲以及国有企业对资本错配的影响。金融市场中阻碍资本要素自由流动的诸多不完美因素,例如信息不对称、政策性扭曲、不完全契约等都会导致资本错配(David,2016;Moll,2014;Gopinath et al.,2017)。Buera 等(2011)认为,金融摩擦扭曲了生产部门之间的资本和企业家才能的分配。对于经营规模较大、营运资本较高的企业来说，金融摩擦会让其面临更为严重的融资约束。在这种情况下，资本的不确定会让其倾向于选择维持较低的生产水平，进而造成企业资本扭曲，产生资本错配（Mahmoudzadeh et al.，2018）。Wu（2018）研究认为，对于中国来说，金融部门发展滞后性带来的金融摩擦仅仅可以解释中国资本错配的30%，政策扭曲对其影响更大。David 和 Venkateswaran（2019）探究了资本错配的来源，认为虽然中国企业面临较高的资本调整成本和信息摩擦，但与生产率相关的要素以及企业自身的永久因素是造成 TFP 损失较高的主要原因。政府政策干预带来的额外市场摩擦、制度扭曲等造成的金融市场不完善是中国企业资本错配的重要来源。Wu（2018）得出类似结论，认为金融摩擦仅可以解释中国资本错配的30%，政策扭曲的影响更大。Johanssona 等（2017）从中国企业 IPO 选择标准入手，发现股票市场的资本流动受政策引导性明显，雇用更多劳动力的企业会因为满足政府就业的政治目标而更有可能被选中进行首次公开募股，其不佳的上市表现引致了较大的资本错配。Hirakata 和 Sunakawa（2019）构建了一个具有金融摩擦的两部门增长模型，认为在存在金融摩擦的情况下，劳动力投入的减少降低了实际利率，增加了对借贷的超额需求，在给定信贷对价值比率下收紧了抵押限制，并导致了资本错配和较低的部门全要素生产率。Bleck 和 Liu（2018）以 2008 年全球金融危机时中国政府实施的信贷扩张政策为研究对象，发现大规模的信贷扩张使得中国房地产价格飙升、实体经济流动性紧张，信贷错配现象严重。

（3）资本错配的其他成因。另外，还有一些学者从宏观经济周期、融资约束、生产结构和公司治理等角度探讨了资本错配的成因。第一，在宏观经济周期方面。Alam（2020）使用 2005—2014 年欧洲企业数据，对比了经济繁荣期和衰退期的资本错配，发现经济衰退期的资本错配程度更高。企业的净资产可以解释行业内大约 10% 的资本错配和 30% 的周期性。Gersbach 和 Rochet（2017）从宏观审慎监管视角，认为信贷波动不利于经济的长期增长，银行按照地区（或部门）的发展程度过多或过少地放贷加剧了跨地区（跨部门）的资本错配。第二，在融资约束方面。Ek 和 Wu

(2018)利用投资—现金流敏感性模型估算了融资约束对资本配置不当的影响,发现融资约束造成了中国企业全要素生产率15%的损失。才国伟和杨豪(2019)基于外商直接投资的研究指出,引入外商直接投资可以矫正中国资本市场扭曲,通过缓解政策扭曲、降低企业融资约束、提高企业生产效率,起到改善资本配置效率的作用。第三,在生产结构和公司治理方面。Sevcik(2015)认为,在经济和金融发展水平较低国家和地区,企业集团内部的资本重组和优化可以起到替代外部金融市场的作用,抑制金融市场不完全所造成的资本错配。陈小亮和陈伟泽(2017)从生产结构视角出发,发现在以上游国企垄断、下游非国企竞争为特征的垂直生产结构之下,国有企业不仅凭借行政进入壁垒和自然垄断定价权挤占了非国有企业的上游投资空间,而且通过抬高中间品价格抑制了非国有企业的下游投资,造成了明显的资本错配。刘盛宇和尹恒(2018)发现,生产率波动与资本错配呈显著正相关关系,减少调整成本和摩擦是优化资本配置的重要途径。Kaymak 和 Schott(2019)认为,企业税法中损失抵消准备金制度的存在使得生产效率更高的公司的有效税率更高,这一制度的取消可以降低资本错配,对产出产生积极影响。

2.1.2 资本错配的经济后果研究

有关资本错配的经济后果研究主要围绕生产率和产出损失、微观企业价值、城市发展和社会福利展开。第一,在生产率方面,现有研究发现资本错配会造成单位劳动总产出的下降和全要素生产率损失。Oberfield(2013)利用智利制造业企业数据,发现资本使用效率的降低可以解释智利 1982 年 TFP 下降的 25% ~ 50%,并且这一影响对国内需求更为敏感的耐用品行业、出口较少行业的影响更大。Gopinath 等(2017)以西班牙为例分析了南欧国家资本配置效率与生产率的关系,认为资本被错误分配给高净值但并非高生产率的企业,会让资本错配造成的生产率损失随时间的推移而越发显著。并且,这一相似趋势在意大利和葡萄牙也得到证实。Midrigan 和 Xu(2014)评估了金融摩擦对 TFP 的影响,认为金融摩擦所导致的资本错配会通过扭曲企业进入和技术采用决策,会分散生产者资本收益而造成 TFP 损失。虽然资本错配会导致不同经济体的 TFP 差异，但这一由资本错配因素导致的全要素生产率差异仅为 5%。张庆君（2015）认为，企业资本错配能够解释中国全要素生产率变动的 28%~55%，如果达到最优资源配置条件，工业企业的总产出将会显著增加。Dai 和 Cheng（2018）以中国制造业为样本，评估了资本错配对 TFP 的影响，发现资本错配造成的全要素生产率损失高于劳动力错配。第二，在企业价值方面。Yang 等（2020）以中国制造业企业数据为研究对象，认为研发资本的配置不当使得中国企业创新效率低下且呈现出明显波动趋势。杨筝等（2017）发现取消贷款利率上下限，推进利率市场化改革可以减少企业的非效率投资，提升企业投资价值效应，且这一效应对于非国有企业而言尤为明显。施新政等（2019）以股权分置改革为契机，考察了资本市场配置效率与劳动收入份额之间的关系，发现资本流通性的增强可以显著减少"工资侵蚀利润"现象，降低劳动收入份额。王竹泉等（2017）基于营业活动重新分类视角，发现资本错配越严重，以 ROA 和 Tobin Q 衡量的公司价值越低。第三，在城市体系发展和社会福利方面。简泽等（2018）认为，微观层面的资本扭曲不仅使得资本、劳动和产出的配置与企业间全要素生产率分布偏离，而且造成了微观层面企业间的资本错配和产业组织的扭曲。陈诗一等（2019）从中国城市规模分布出发，认为资本配置扭曲造成了中国大中小城市分布的失衡，使得大中城市数目偏少、小城市过多。消除资本配置扭曲，加强资本配置有效性，可以带来 50% 人口的重新配置，改善劳动力配置的扭曲，提高社会福利。

2.2　资本错配对企业创新影响的研究动态

作为一个发展中国家，中国要素市场改革滞后、体制发展不完备所引致的资本配置不当问题备受关注。大量研究表明，资本错配是部门及社会加总全要素生产率损失的重要原因（Hsieh and Klenow，2009；Brandt et al.，2013；龚关、胡关亮，2013）。而且相比于劳动力错配，中国资本错配的程度更高，对经济效益的影响更加严重（王宁、史晋川，2015；Dai and Cheng，2018）。资本的配置不当会进一步加剧国民经济产出损失，阻碍结构性变革，影响长期经济增长（李欣泽、陈言，2018；Hirakata and Sunakawa，2019）。围绕本书的研究主题——资本错配与企业创新，现有研究主要从金融发展、要素扭曲两方面展开，而就资本错配对企业创新的影响问题缺乏系统性讨论。因此，本书主要从这两个角度对企业创新的相关文献进行总结和述评。

2.2.1 金融发展与企业创新

企业创新离不开资本的引领与催化（资本市场改革课题组，2019）。一个健康运行的资本市场能够通过有效识别和发现创新型企业、分散企业创新风险、拓宽企业融资渠道、加速要素流动和重组，为创新提供不竭的动力来源和制度保障（辜胜阻、庄芹芹，2016）。

现有研究侧重考察金融发展对企业创新的影响，发现资本市场的发展会增加企业的创新活动，先进的金融市场有利于创新效率的提高（Brown et al.，2012；Li et al.，2017）；而金融低效会加大中小企业外部融资获取难度，诱致其持有更多现金以平滑创新投资（Minshik and Sooeun，2011）。Brown 等（2013）通过对 32 个国家的企业样本研究发现，股票市场融资渠道拓宽会显著提高研发投资的长期增长率。相比于独立风险资本（IVC）培育的企业，以企业风险资本（CVC）为后盾的企业，由于其母公司与所支持的创业企业直接技术适应性更高、失败承受能力更大，因而表现出更高的创新产出，尽管这些企业更年轻，风险更高，利润更低（Chemmanur et al.，2014）。

相比于股权融资对企业创新的影响，Robb 和 Robinson（2014）、Nanda 和 Nicholas（2014）、Mann（2018）认为，债务融资是创新型企业的重要资本来源。当内源融资难以支撑企业研发投资时，债券融资不仅可以调节企业资本结构，降低代理成本，而且可以最大化企业价值，提高企业研发收益（Jesen and Meckling，1976；Bartoloni，2013）。Ullah（2019）以 30 个转型经济体的企业创新行为为研究对象，认为正规金融（主要是银行融资）在促进发展中国家创新方面更为有效，而非正规金融对企业创新没有影响。一方面，正规金融可以通过创新企业的信贷需求扩大规模，填补非正规金融不太可能实现的融资缺口。另一方面，相比于非正规金融，使用正规金融融资的企业具有更低的信息不对称和代理成本，因而资本成本更低、增长更快。在有关银行竞争方面，Cornaggia 等（2015）基于美国国内银行业放松管制，发现银行业竞争通过降低小型私营企业融资难度，促进了其创新。张璇等（2019）利用中国工业企业数据，得出相似结论，认为银行竞争程度的加剧可通过缓解企业融资约束而提升企业创新能力，且这一正向作用对外部融资依赖程度较高的中小企业、民营企业，以及营商环境较高地区的企业更加明显。另外，银行的流动性冲击和金融危机会对企业创新造成负面影响，降低企业的创新数量和创新质量（Spatareanu et al.，2019）。特别地，对于小型创新企业来说，冲击所引致的生产发明者流失，会进一步阻碍企业创新（Hombert and Matray，2017）。Archibugi 等（2013）得出相似结论，认为依赖于外部信贷的创新型企业会通过减少专利产品，包括质量和价值较低的专利来应对金融危机。潘敏和袁歌骋（2019）利用 OECD 国家制造业行业数据，发现金融中介创新与企业技术创新之间存在倒"U"形关系，且主要通过作用于创新投入而影响企业技术创新，相比于增量型技术创新，金融中介创新的非线性影响对风险更高、科学价值更大的突破性创新影响更大。

2.2.2 要素扭曲与企业创新

另一类文献研究着眼于当前中国要素市场改革滞后于产品市场的典型事实，认为中国的劳动力要素和资本要素市场存在长期扭曲，且资本要素市场的扭曲程度更加严重（王宁、史晋川，2015；卞元超、白俊红，2016；Dai and Cheng，2018）。其中，张杰等（2011）从地方政府对要素市场的控制和管制出发，认为通过地方政府干预来调动资源，虽然在短期内有利于经济增长，但长期来看，会显著加剧地区内要素市场扭曲，直接抑制企业在研发创新活动上的 R&D 投入。戴魁早和刘友金（2016a，2016b）以中国高技术产业数据为例，认为要素市场扭曲会降低产业创新效率，推进要素市场改革和发展有利于企业或产业创新效率的提升，且这一正向效应会随要素市场扭曲状况的持续改善而逐渐增强。之后，学者们将要素市场予以进一步细分，发现土地要素错配会通过扭曲财政支出结构、抑制技术创新而阻碍中国的产业结构升级（赖敏，2019）；资本和劳动要素扭曲会抑制技术进步（李平等，2014）。若能有效消除劳动力和资本要素市场扭曲，中国的创新生产效率可分别增加10.46%、20.55%（卞元超、白俊红，2016）。在劳动力要素市场扭曲方面，蒲艳萍和顾冉（2018）从中国企业层面劳动力工资向下扭曲特征出发，发现劳动力工资扭曲越严重的企业，其创新产值越低。工资扭曲通过减少人力资本、降低消费和扭曲收益，削弱了企业的自主创新活力。李静等（2017）认为，经济转型过程中人力资本市场化配置的失灵容易诱发错配，致使创新动力不足。

此外，基于中国金融抑制的典型现实，还有部分学者具体就金融要素扭曲、融资约束、信贷寻租和所有制歧视，对创新问题展开研究。例如，李晓龙和冉光和（2018）从省际层面发现，金融抑制和资本扭曲不利于中国技术创新效率的提升。要素市场的严重扭曲，使得R&D投入带给中国的增长效应低于其他国家（Ljungwall and Tingvall，2015）。金融利率管制、政府隐性担保和对关键要素的定价权利，为金融所有制歧视和企业信贷寻租的滋生提供了温床，使得企业更倾向于通过"关系"牟取高额利润，引致专利引用"惰性"，挤出企业创新（Murphy et al.，1993；李永等，2013；李晓龙等，2017）。对于尚处于转轨经济体制的中国而言，信贷寻租会加剧融资约束对企业的制约，降低企业在创新活动中所获得的利润，挤出和替代创新资金投入，而且这一负向效应对外源融资更为敏感的中小企业、民营企业和资本密集型企业更加突出（张璇等，2017）。金融所有制歧视在让生产率相对较低的国有企业获得更多廉价资金和补贴的同时，也恶化了地区创新产出（戴静、张建华，2013；Wei et al.，2017）。国有大型银行对信贷资源的垄断和企业融资途径的单一，使得银行信贷卖方的强势仍然存在（Allen et al.，2005）。相比于国有企业，金融要素扭曲和信贷歧视对私营企业的技术创新活动抑制作用更大；相比于大型企业，中小型企业在研发投入上对金融要素扭曲的敏感性更高（汪伟、潘孝挺，2015）。孙晓华等（2015）认为，我国资本市场的发展并未明显改善和有效缓解中国企业创新过程中的融资约束阻碍，成为支持企业R&D投融资的有力渠道。由此可见，资本错配对企业创新的影响依旧不容小觑。

2.3 资本错配与企业金融化的研究动态

实体企业金融化趋势已成为中国当前经济发展的一个典型特征。现有研究表明，我国实体经济发展与金融行业发展呈现出鲜明分化趋势（彭俞超、彭丹丹，2018）。大量非金融企业的过分金融化行为，不仅在微观层面上抑制了企业的固定资产投资，挤出了企业研发创新活动（刘贯春等，2019；王红建等，2017；肖忠意、林琳，2019），而且在宏观层面上削弱了货币政策对实体经济的提振，推高了实体和虚拟经济二者间的风险联动，加剧了企业股价崩盘风险和宏观经济的波动（张成思、张步昙，2016；彭俞超等，2018a；彭俞超等，2018b）。因此，厘清非金融企业金融化动机和影响因素对于引导经济"脱虚向实"、促进实体经济与虚拟经济的共生共荣具有重要意义。根据研究重点，本书主要从宏观和微观两个方面对影响企业金融化的因素进行梳理。

2.3.1 影响企业金融化的宏观因素

宏观层面，现有关于企业金融化的动机和影响因素研究，主要基于预防储蓄的"蓄水池"理论与实业投资"替代"理论（胡奕明等，2017；Duchin et al.，2017）。一些学者认为，持有金融资产，尤其是持有交易性金融资产和现金，是企业应对外部不利融资形势的一种资金储备行为（胡奕明等，2017；杨筝等，2017；Xu et al.，2019）。加强资金流动性的管理是有效缓解企业融资约束、平滑企业固定资产投资的有效措施（Ding et al.，2013；Chang et al.，2014）。但是，除预防性储蓄动机外，投机活动亦是推动企业金融化的重要驱动因素之一（Huang et al.，2019）。张成思和张步昙（2016）、彭俞超等（2018b）结合中国经济运行的实际情况，认为追逐金融投资的高回报率，进行差额套利可能是推动中国企业金融化的主要动机，而缓解融资困境的预防性储蓄动机则相对次要。金融化损害了实体企业的未来主业业绩，对实体经济投资的"挤出"效应明显大于"反哺"效应（杜勇等，2017；戴泽伟、潘松剑，2019）。

（1）基于金融制度环境视角。Akkemik 和 Ozen（2014）以土耳其的上市企业为研究对象，发现新兴经济体的宏观经济发展水平和制度不完善在不同程度上促使了非金融企业的金融化行为，并造成了实体经济投资的下降。杜勇和邓旭（2020）探究了融资融券机制对非金融企业金融化行为的影响，发现高度不对称的融资融券交易加剧了企业短期投机套利行为的发生。股价下跌风险以及金融资产与经营资产二者之间的收益率差异是改变企业投资策略的重要诱因。杨筝等（2019）利用中国贷款利率上下限放开的外生冲击，发现贷款利率下限管制的放松能够通过减少企业债务成本对利润的侵蚀而抑制非国有企业的金融化程度，且这一抑制效应在规模更大、盈利能力更强以及市场竞争压力更小的企业中表现得更为明显。刘金东和管星华（2019）借助2016年实施的不动产抵扣政策准自然实验，发现不动产抵扣会显著改变企业的投资结构，通过显著增加非国有企业的涉房投资，抑制企业的研发投入和企业设备类固定投资，表现出"脱实向虚"趋势。徐超等（2019）基于A股制造业企业数据，发现2009年的增值税转型改革所引发的实体税负下降能够显著抑制制造业企业的金融化，引导企业加大固定资产投资和研发创新投入。孟宪春等（2019）研究发现，混合型最优货币政策规则能够引导宏观经济脱虚向实，促进房地产市场与实体经济的协调发展。资产的长期短缺诱使了社会资金的"脱实向虚"，营造稳健的金融货币环境、增加金融资产有效供给，是实现虚拟经济与实体经济共同繁荣的有效保证（杨胜刚、阳旸，2018）。

（2）基于金融部门与实体部门利差收益视角。Demir（2009a）考察了墨西哥和土耳其的资本市场不完善对实体企业的金融化行为的影响，认为金融资产投资的回报率高于固定资产投资是企业进行金融化的主要诱因，企业利润最大化目标的驱使导致了去工业化的发生。宋军和陆旸（2015）发现中国高业绩企业和低业绩企业均倾向于持有更多金融资产，一方面，良好的经营状况会带给高业绩企业更为丰裕的可支配资金，企业会用富余的资金进行金融投资；另一方面，低业绩企业较差的经营绩效会诱使其将经营资产替代为收益更高金融资产，因而表现出金融化水平的提高。

（3）基于经济政策不确定性视角。在经济政策不确定性的情况下，企业会通过减少投机性金融资产的持有，增加保持性金融资产的持有来降低企业风险（彭俞超等，2018b；Huang et al.，2019）。Demir（2009b）解释了阿根廷、墨西哥和土耳其三个新兴市场国家固定投资率较低的原因，认为收益率差距和宏观经济的不确定性增加是企业选择短期可逆金融资产投资而非长期不可逆固定资产投资的主要因素。彭俞超等（2018b）考察了经济政策不确定性对企业金融化趋势的影响，发现经济政策不确定性的上升不仅会显著抑制企业金融资产投资的总量，而且会对其配置结构产生影响。Huang等（2019）得出类似结论，认为经济政策的不确定性会对企业金融资产配置产生负面影响，这一影响对竞争激烈行业或地区企业的影响较弱，对融资约束较弱企业的影响较大。

（4）基于新兴经济体欠发达的金融体系和信贷歧视视角。王永钦等（2015）发现，很多非金融企业游离于银行监管体系之外，从事着实质性的金融中介活动。利用影子银行信贷体系和正规金融体系的利率管制，一些企业将闲置资金用于金融投资，在提高企业自身金融化程度的同时，也逐步变成了影子银行资金的配置者。相比于民营企业和中小型企业，国有、大型企业在市场中的优势地位，使得其外源融资途径更加多元，因而影子银行化动机也更加强烈（Beuselinck et al.，2017；韩珣等，2017）。Du等（2017）追踪了俄罗斯和中国非金融企业的影子银行业务，认为这些企业的金融化现象实际上是正规金融"信贷歧视"和金融监管缺失的产物。彭俞超和黄志刚（2018）得出类似结论，认为在直接融资方式缺失的情况下，银行对风险异质性企业的差别性待遇是造成企业金融化和影子银行形成的主要原因。获得更多信贷支持的低风险企业会通过将多余信贷资金投向影子银行体系而引发企业金融化。张成思和郑宁（2019）区分了不同所有制企业和不同行业企业的金融化驱动机制，发现国有企业和非国有企业的金融化驱动因素存在显著差异，非国有企业和制造业企业的金融化行为多出于风险规避动机，而国有企业的金融资产投资则受到资本逐利的推动。

2.3.2 影响企业金融化的微观因素

微观层面的研究主要从公司治理和高管特质角度，考察了内部资本市场（黄贤环、王瑶，2019）、高管金融背景和经历（杜勇等，2019；戴泽伟、潘松剑，2019）、所有权差异等对企业金融化趋势的影响。其中，刘伟和曹瑜强（2018）从机构投资者短视视角，研究发现短期机构投资者持股会显著提高实体企业的金融化水平；相比于国有企业，这一驱动作用在民营企业中更为显著。因而，加强监管层对机构投资者的合理引导，是回归金融支持实体的重要途径。黄贤环和王瑶（2019）考察了集团内部资本市场与企业金融资产配置的关系，认为内部资本市场活跃度对企业金融资产配置的正向影响是其"资源错配"的表现。通过影响可用资金水平和代理问题，内部资本市场显著加剧了企业的金融资产配置程度，并且这一作用在金融生态环境较差时更加强烈。在管理层背景层面，Xu等（2019）研究发现，出于预防性储蓄考虑，女性CFO领导的企业更有可能持有过多现金。杜勇等（2019）基于烙印理论，从管理者行为的视角讨论了CEO金融背景与企业金融化的关系，认为CEO金融背景会通过提高CEO自信程度、缓解企业融资约束而对企业金融化产生显著正向影响，并且这一正向影响在国有企业和制度环境较好的企业中更为明显。类似地，戴泽伟和潘松剑（2019）研究发现，高管的金融经历不仅会提高企业金融化参与度，而且对金融化密度与金融化增速也有显著正向影响。相比于缓解投资不足的防御性储蓄动机，高管配置金融资产以获得差额套利的动机明显。在公司治理方面，闫海洲和陈百助（2018）借助公司金融现金持有理论，发现产业部门上市公司持有总体金融资产组合与风险金融资产之间有正向的关系，特别是在那些具有多元化经营特征、治理水平较差以及决策者过度自信的企业中，管理层往往偏好于持有更多风险金融资产。

2.4 资本错配与企业对外直接投资的研究动态

大量文献就中国企业"走出去"的动机及其决定因素进行了丰富且深入的研究，认为宏观层面的经济发展水平（黄益平，2013）、双边政治关系（宗芳宇等，2012；刘晓光、杨连星，2016）、制度环境与监管（Kong et al.，2019；Shi et al.，2017；Cuervo-Cazurra and Narula，2015），微观层面的企业的生产率（Helpman et al.，2004；Greenaway and Kneller，2007；蒋冠宏、蒋殿春，2017）、政治关联（邓新明等，2014）、融资约束（刘莉亚等，2015；王碧珺等，2015）、贸易绩效（Chen and Tang，2014）等都会影响企业的对外直接投资水平。根据本文研究重点，本书主要从影响企业资本要素获取的制度环境因素和金融因素方面对企业 OFDI 文献进行梳理。

2.4.1 制度环境、政府干预与企业 OFDI

近年来，发展中国家制度发展不完备所导致的企业国际化行为备受关注（Buckley，2018；Peres et al.，2018）。一些观点认为，新兴市场欠发达的制度环境，如政府干预力度较大、产权缺乏保护、要素市场不发达、法律执行不透明、中介机构效率低下等，增加了企业的交易成本、海外扩张搜寻成本以及信息不对称程度，严重侵蚀了企业的海外投资能力和竞争力。例如，Kong 等（2019）研究发现，母国商业环境同企业对外直接投资（OFDI）决策呈负相关关系。企业所在地的制度环境越好，企业的对外直接投资也更高（Stoian，2013）。新兴经济体的市场化改革有利于提高企业海外投资的竞争优势，让企业有信心也有能力在发达国家中竞争（Stal and Cuervo-Cazurra，2011）。Peres 等（2018）通过对比发达国家和发展中国家的制度质量，发现较高的制度质量能够显著吸引外国直接投资的流入。Wu 和 Chen（2014）指出，完善的母国制度环境可以推进企业向制度更好的国家进行海外投资，而不稳定的母国制度环境会降低这一倾向，造成资源扭曲，制约企业海外投资所有权优势的发挥。

还有一些研究则认为，母国制度约束在新兴市场企业的国际扩张轨迹中起着重要的推动作用。基于政府干预视角,部分学者指出新兴市场国家对外直接投资的爆发式增长,与母国政府的政策推动和鼓励密切相关(Bojnec and Ferto,2018)。母国政府基于市场导向的经济政策在一定程度上可以抵消新兴经济体国家的竞争劣势,弥补其制度缺陷,为本国企业进入发达经济体投资提供竞争优势(Luo et al.,2010)。例如,中国"一带一路"倡议的实施显著提高了中国企业绿地投资的增长,且这一效应在能源、交通和通信等基础设施相关领域表现得尤为突出(吕越等,2019)。该倡议的启动,让中国企业平均增加了约45%的对外直接投资交易(Yu et al.,2019)。张夏等(2019)研究发现,双边固定汇率制度有效降低了企业在东道国进行OFDI的生产率阈值,增加了企业海外投资倾向。李磊等(2018)指出,"引进来"对中国企业"走出去"具有明显提升作用。外商投资的水平溢出、前向溢出和后向溢出效应均会加速中国本土企业"走出去"步伐。

基于制度逃离和母国监管空白视角,Cuervo‐Cazurra等(2015)利用行为经济学理论对新兴经济体企业的扩张动机进行了分析,认为利用东道国更好的条件可以满足企业的市场、要素资源以及技术升级寻求动机,成功实现对母国的逃离,避免制度劣势。国内制度发展不健全,地方保护主义和市场分割的存在,提高了企业制度性交易成本,国外比较制度优势成为企业海外直接投资的主要诱因(Dunning and Lundan,2008;Boisot and Meyer,2008)。李新春和肖宵(2017)基于当前中国转型时期的制度背景,认为正式制度和关系文化等非正式制度的约束都会驱使民营企业进行海外直接投资,创新能力是其能否成功实现OFDI的重要引擎,但政治关联会削弱这一动力。Stoian和Mohr(2016)以29个新兴经济体的OFDI流量为分析对象,发现母国的监管缺失,如腐败,会增加制度逃离动机的对外直接投资,但这一影响会随本地企业所有权优势的水平而发生变化。Cuervo‐Cazurra和Ramamurti(2017)对母国制度缺失和经济发展不足所导致的企业国际化进行了区分,认为制度缺失既会提高企业基于创新的国际化,又会增加其基于逃逸的国际化。

基于所有权视角，Meyer 等（2018）提出国家所有权是影响企业对外直接投资战略的重要因素。例如，Chen 等（2018）发现，制度扭曲和"信贷歧视"对民营企业的 OFDI 的激励作用更大。中国企业海外直接投资行为中的"制度风险偏好"和"非政治风险规避"等反常现象，同企业所有权性质有很大关系（邱立成、杨德彬，2015；Ramasamy et al.，2012）。相比于非国有企业，国有企业的海外投资多为资源寻求型顺向投资，具有特殊的目标使命和所有权优势，在政府政策支持的驱使下，并不单纯以追求利润最大化为目的，因而对东道国的制度风险表现出更高的容忍度（Luo et al.，2010；李童、皮建才，2019）。Amighini 等（2013）同样发现，中国 OFDI 的模式选择会因企业所有权的不同而不同。国有或国有控股企业会遵循本国的战略需求，在自然资源领域投资更多，对东道国的政治和经济状况要求较低；私营企业则更容易被东道国的大市场和战略资源所吸引，并在跨国投资区位选择时，尽量避免经济和政治风险。Yu 等（2019）的研究表明，不同所有制企业对"一带一路"倡议的响应程度有所差别，相比于国有企业，非国有企业的对外直接投资决策还取决于东道国"一带一路"的参与意愿。

2.4.2 金融发展、要素扭曲与企业 OFDI

另外，少数文献基于投资母国金融发展水平，从金融抑制、资本效率和要素市场分割等视角，对企业海外直接投资进行了考察，认为发展中国家部分对外直接投资行为的发生是经济结构扭曲和失衡所致的综合结果（王勋，2013；李童、皮建才，2019）。一方面，金融市场发展不完善使得中国大部分企业面临较为严重的融资约束，企业难以获得海外直接投资的必要资金支持（张璇等，2017；蒋冠宏、曾靓，2020）。从一定意义上讲，企业融资能力的强弱直接决定了企业对外直接投资的可能性及持续性。例如，李磊和包群（2015）研究发现，融资能力强的企业更有可能进行对外直接投资和进行多次与多国投资。虽然企业在生产率方面的优势可以缓解融资约束对企业海外投资的负向影响，但融资约束对中国民营企业对外直接投资的可能性和规模都会产生阻碍作用，且这一负面影响在外源融资依赖度较高的行业中表现得更为严重（王碧珺等，2015；刘莉亚等，2015）。Buch等（2014）利用德国企业数据得出类似结论，认为融资约束对大规模企业、高生产率企业的抑制作用更加明显，固定成本较高、现金流较小和杠杆率偏高的企业进行OFDI的可能性也更低。蒋冠宏和曾靓（2020）解释了融资约束对企业OFDI模式选择的影响，认为跨国并购较高的股权购买成本和协调整合成本会让融资能力较弱的企业更倾向于选择绿地投资模式，而非跨国并购模式。

另一方面，欠发达的金融体系和抑制性金融政策，如金融市场准入、信贷歧视以及利率管制等，又进一步提高了企业通过海外直接投资寻求先进生产技术或低成本生产要素的动机（王勋，2013；Chen et al.，2018）。余官胜（2015）实证研究发现，东道国规模层面的金融发展能够有效吸引中国企业对外直接投资。周经和王馗（2019）从国内要素市场和产品市场分割视角，发现产品市场分割程度的提高会削弱企业向制度较好国家的投资倾向，但要素市场分割程度会加剧这一倾向。但需要注意的是，这些OFDI企业可能并不具备较强的国外"生存"能力。杜思正等（2016）基于投资国视角，认为金融发展可以缓解资本价格扭曲和资本形成效率对企业海外直接投资的负面影响，国内资本产出效率和增量资本产出效率下降是中国企业积极开展OFDI活动的重要原因。金融错配制约了中国企业的OFDI，但特定范围内政策支持和政府补贴又在一定程度上弱化了这一负面影响（冀相豹、王大莉，2017）。王亚星和李敏瑞（2017）从异质性企业理论出发，发现资本扭曲会通过"倒逼"企业提高生产率水平而降低其对企业海外直接投资决策的负面影响，因而总效应并不显著。

由此可见，企业海外投资的迅猛增长既有企业基于市场、技术和资源等战略资源寻求动机的市场性因素驱动，又有政府干预、制度扭曲等非市场性因素的助推。在市场力量的推动下，母国制度不完善和金融发展滞后一方面会"倒逼"企业利用开放经济条件以及自身内在优势，如创新、生产率水平、贸易绩效等（Hashai and Buckley，2014；Chen and Tang，2014）获得海外投资的竞争优势，产生基于创新的国际化；另一方面又会因提高企业对外投资门槛，阻碍企业"走出去"，或加速部分企业摆脱本国制度不完善和经济发展不足所形成的竞争劣势，产生基于逃逸的国际化行为（Cuervo-Cazurra and Ramamurti，2017），诱使其过早国际化或区位选择跳跃式发展，降低中国海外直接投资质量，造成社会福利的净损失。

2.5 资本错配与企业实际税负的研究动态

税收作为连接企业和政府之间的一条重要纽带，不仅会对微观企业的生产投资决策、生产效率和企业价值产生重要影响，而且关乎政府职能的有效发挥、产业结构的转型升级以及经济的高质量发展（刘啟仁、黄建忠，2018；刘忠、李殷，2019）。

2.5.1 公司治理与企业税负

现有文献对企业税负的影响因素进行了较为充分和全面的探索，认为企业自身的经营特点和外界环境均会作用于企业实际税率。在企业自身方面，学者们分别从企业要素禀赋和内部治理出发，认为产权性质（刘骏、刘峰，2014）、金字塔层级（刘行、李小荣，2012；Zhang et al.，2016）、内部资本市场（Koethenbuerger and Stimmelmayr，2016）、盈余管理（盖地、胡国强，2012）、管理层的影响力与政治背景（薛爽等，2012；Peyer and Vermaelen，2016）、企业内部的锦标赛激励（Kubick and Masli，2016）、财务公司与企业自身税收筹划（刘继红、汪泓，2019）等都会对企业的实际税负造成影响。例如，Zhang等（2016）发现，企业金字塔层级与其有效税率存在显著负相关关系，金字塔结构可以有效保护本地国有企业（SOE）免受政治干预。所有权集中度与避税之间存在非线性的倒"U"形关系（Richardson et al.，2016）。相比于用工成本的制约，中小民营制造企业的做大做强更加依赖于政府的降税减负（杨继生、黎娇龙，2018）。与集团内财务公司进行关联可以通过提供更加专业化的税收筹划服务、降低兄弟公司间内部信息不对称，帮助企业实现有效节税（刘继红、汪泓，2019）。

2.5.2　外界环境与企业税负

在外界环境方面，现有文献就企业所处的宏观政治经济环境、金融发展、政府行为等角度展开分析，认为良好的外界制度环境在有效提升地区竞争实力、减小政府部门税收优惠压力方面发挥着重要作用（刘慧龙、吴联生，2014）。金融发展水平的提高有利于缓解企业所面临的融资约束，抑制其税收规避动机（刘行、叶康涛，2014）。企业低报经营收入以躲避监管的避税动机强弱与其被掌握的交易信息多少存在互补性，加强对企业税收监管力度，有利于社会整体福利的提高。（Almunia and David，2018）。Kaymak 和 Schott（2019）研究了美国企业的税收扭曲效应，发现税法虽然没有在法律上区分各个企业，但有关扣除和免税额的特殊规定可能导致各企业的有效边际税率（Marginal Tax Rates，MTR）出现差异，反而使得具有较高预期生产率的企业面临更高税率。

还有一些学者基于中国特殊的转型背景，从财政分权、央地关系、政企关系等方面着手，就我国企业实际税负问题进行了深入剖析。白云霞等（2019）认为，当前税收征管体制下，税收计划的强指令性使得地方政府的税务稽查力度存在"相机抉择"。在财政支出刚性和税收征管考核的双重压力下，地方政府可以通过加强税收征管力度，弥补地方财政收入损失（Chen，2017b）。中央政府运用税收政策进行逆周期宏观调控的有效性往往会被地方的顺周期行为削弱（李明等，2016）。二者债务融资约束的不同以及税收共享机制的共同作用，使得宏观税收政策呈现出非周期性特点（石绍宾等，2019）。在政企关系和政府行为方面，范子英和田彬彬（2016）发现，政企合谋所造成的逃税效应和该税种的规范性与监管难度同方向变动，相比于增值税，企业在所得税逃税上更加严重。区域性税收优惠政策虽然促进了西部地区的税基增长，但这一增长效应加大了相邻地区的税基流失（罗鸣令等，2019）。地方政府针对外资企业的税收竞争显著高于内资企业，导致地区经济集聚对辖区内企业所得税实际税率的降低作用仅存在于外资企业（蒲艳萍、成肖，2017）。相对于其他企业，财政转移支付不确定的增加对国有企业以及有行政隶属关系企业实际税率的提高作用更大（王小龙、余龙，2018）。环境规制政策有利于企业整体税负水平的降低（曹越等，2017）。此外，黄策和张书瑶（2018）发现地方政府规模扩张在总体上加重了企业税负水平，尤其是加重了地方国企和非国有企业的实际税负，而对央企国企没有显著影响。邹萍（2018）得出转型国家中政府对市场的干预和管制使得企业社会责任信息披露与避税行为并存，企业会通过积极主动披露社会责任信息的方式向地方政府寻租，达到降低企业实际税负的目的。李旭超等（2018）、金祥荣等（2019）从僵尸企业的负外部性出发，认为僵尸企业的存在会增加正常企业的实际税率，而高税率又会提高正常企业的逃税动机，造成中国企业税负扭曲。

2.6 文献评论

通过对国内外有关资本错配、企业创新、企业金融化、企业对外直接投资以及企业税负行为等文献研究现状的回顾和梳理，可以看出：

第一，现有关资源错配的文献主要就土地资源错配（盖庆恩等，2019）、劳动力市场扭曲（蒲艳萍、顾冉，2019）、人力资本错配（李静、楠玉，2019）、中间产品市场扭曲（刘宗明、吴正倩，2019）、制度扭曲与中国城乡收入差距（孙华臣、焦勇，2019）等进行了考察，有关资本错配的研究还不够充分。且针对资本错配的研究大多停留在资本错配的测算、成因以及其对全要素生产率影响的层面（Hsieh and Klenow, 2009; Brandt et al., 2013; Restuccia and Rogerson, 2013）或研究样本多局限于中国工业数据库，对于其他经济后果的讨论和上市公司的关注不足（简泽等，2018；王文、牛泽东，2019）。仅有陈诗一等（2019）从地区间资本错配视角出发，研究了城市间资本配置情况对城市规模与社会福利的影响。王竹泉等（2017）利用基于营业活动重新分类视角下的企业资本错配指标，研究了上市公司内部资本错配对公司价值的影响。本书为资本错配对微观企业创新、金融化、对外直接投资、实际税负的影响研究提供了直接的经验证据。

第二，有关金融发展、要素扭曲与企业创新行为之间关系的研究成果为我们厘清资本错配与企业创新之间的关系奠定了坚实的基础，但这些研究均忽略了资本要素扭曲所带来的"综合效应"，即同一行业内不同企业之间资本使用成本"不平等性"诱致的资本配置不当对整体行业内企业创新的影响，也始终未就资本错配影响企业创新的机理予以详细说明和检验。另外，就研究对象而言，已有研究大多采用R&D投入或专利数对企业创新进行衡量，既没有将创新产出的数量和质量加以区分，也少有研究将创新风险纳入分析之中。事实上，由于逆向选择和道德风险引起的信息不对称，高风险往往是企业从事创新活动的重要考虑因素，这值得重点关注。

第三，虽然现有文献已然揭示了企业金融化与宏观经济变化和公司治理机制的潜在影响密不可分，但这些研究均没有聚焦于资本要素相对价格这一重要因素，从资本市场是否得以有效配置的视角，对我国企业金融化问题进行反思和检视。事实上，由于制度和政策等原因，中国经济的资本错配问题在企业、行业和地区之间普遍存在（王宁、史晋川，2015），加上所有制差异以及对金融市场改革等的探索，使得资本要素在不同企业之间的有效配置更趋复杂，从而对企业金融化的影响具有更加深远的影响。因此，从资本错配视角探讨其对企业金融化的影响及作用机制，对于理解当前经济"脱实向虚"现象具有更强的现实意义，同时也能够为防范化解金融风险和深化金融市场改革提供一个更为深入微观的视角。

第四，企业对外直接投资（OFDI）的研究众多，认为企业海外投资的迅猛增长既有企业基于市场、技术和资源等战略资源寻求动机的市场性因素驱动，又有政府干预、制度扭曲等非市场性因素的助推。虽然少数学者关注到金融要素扭曲和资本效率这一主题对企业OFDI的影响，为我们的研究提供了有益思路，但这些研究仍存在以下不足：一是自2010年以后中国对外直接投资增长迅猛，但以上文献的数据多源于《中国工业企业数据库》或就省级层面的OFDI进行分析，从时间上来说相对滞后；二是在OFDI变量的构建上，多采用是否存在海外投资的虚拟变量，忽略了有关企业海外投资等其他重要信息。因此，结合中国经济转型的制度背景，系统考察资本错配对企业 OFDI 的可能影响，以及企业海外投资与国内投资的关系，对于提高中国企业 OFDI 质量、充分发挥内引外联作用、实现国内投资和海外投资双元平衡具有重要意义。

第五，"减税降费"政策作用的更好发挥离不开市场机制的有效配合。税负作为企业的重要成本负担之一，会对企业的生产投资决策、发展空间以及企业价值造成深刻影响（李旭超等，2018）。现有研究基于中国特殊的转型背景，对中国企业实际税负的宏微观影响因素做了充分而全面的探索，认为财政分权体系、政企关系的存在以及纳税实务操作中的复杂性特征，使得中国企业的实际税负存在较大差异。但这些研究均没有就中国所面临的资本错配这一典型事实展开具体分析，从资本结构性视角探讨资本错配对企业实际税负的影响以及这一影响对现行"减税降费"政策可能存在的削弱作用。

鉴于此，本书利用中国 A 股上市企业 2007—2018 年数据，借鉴 Heish 和 Klenow（2009）所建立的模型，将资源错配进一步分解细化到资本错配，在测算资本错配的基础上，系统考察资本错配对企业创新、企业金融化、对外直接投资和税负行为的影响，在丰富和补充资本错配经济后果研究文献的同时，也为理解我国企业创新能力不强、创新质量不高，宏观经济的"脱实向虚"、企业"走出去"以及可能存在的"避税"行为提供了新视角，为中国经济的高质量发展提供建议与参考。

3 资本错配对上市企业行为影响的理论框架

本章首先对资本以及资本错配等重要概念进行了界定和说明。接着，利用 Hsieh 和 Klenow（2009）发展起来的异质性企业垄断竞争模型，在理论上对资本错配及其测算原理进行推导。之后，构建包含多部门的数理模型，利用创新理论、金融抑制和金融深化理论、对外直接投资理论和税收遵从等理论，对资本错配影响微观企业创新、企业金融化、企业 OFDI 和企业税负等动态的影响机制和路径进行理论分析。

3.1 资本错配的理论分析

3.1.1 资本的定义

关于资本，亚当·斯密在其经典著作《国富论》第二篇中进行了系统阐述，认为"他所有的资财，如足够维持他数月或数年的生活……他将仅保留适当部分，作为取得收入以前的消费，以维持他的生活……他希望从中取得收入的部分，称为资本"。由此可见，资本具有以下两个特征：一是资本是收入中未被消费的部分；二是资本可以产生和创造财富，实现价值增殖。

马克思在批判性借鉴斯密观点的基础上，将资本的内涵划分为三个部分，认为：首先，"资本不是物，而是一定的、社会的、属于一定历史社会形态的生产关系"。其次，"资本是能带来剩余价值的价值。生产的往复循环带来剩余价值，剩余价值不断转化成资本"。最后，资本是一种剥削手段。

二者对资本的定义既有相同之处，又各有侧重。相比于斯密，马克思对资本的定义更注重于资本运动和资本所反映的生产关系。在本研究中，能够为持有者带来收入和利润的本钱，就是资本。

按照资本逐利避险的本性和资源配置效率理论，在产业总产出水平给定的情况下，如果不存在资本扭曲，那么资本、劳动和产出的跨企业配置应该同企业生产率的分布相一致，即资本要素按照效率原则在同一产业内的企业间进行配置，生产率较高的企业占有较多的资本资源，生产率较低的企业拥有较少的资本资源。此时，资本的边际收益产品等于市场均衡状态下资本的使用成本，即 MRPK = R。

3.1.2 资本错配的内涵及形成机理

依据 Hsieh 和 Klenow（2009）对错配原理的解释，资本错配可以理解为：资本要素在企业间配置的失效，即同一行业内不同企业间的资本使用成本与生产率发生持续偏离，使得一些生产率较低的企业能够以低于市场出清时的资本使用成本获得资本"输血"，表现出偏低的资本边际生产率；反之，一些生产率较高的企业则要以高于市场出清时的资本使用成本拿到生产投资的必要资金，表现出偏高的资本边际生产率。

参照 H-K 建立的包含异质性企业垄断竞争模型，设定资本错配的理论分析框架。

假设存在一经济体，该经济体内的最终产品市场是完全竞争的且仅生产最终产品 Y。利用 S 个行业生产出来的产品 Y_s（$s = 0,1,2,\cdots,S$）作为最终产品 Y 的中间投入品，通过 Cobb-Douglas 生产技术（简称 C-D 生产函数），转化为单一最终产品 Y：

$$Y = \prod_{s=1}^{S} Y_s^{\theta_s}, \sum_{s=1}^{S} \theta_s = 1 \quad (3-1)$$

在代表性企业利润最大化的约束下，得到：

$$\max_{Y_s} \pi = PY - \sum_{s=1}^{S} P_s Y_s, \ s.t. \ Y = \prod_{s=1}^{S} Y_s^{\theta_s}, \sum_{s=1}^{S} \theta_s = 1 \quad (3-2)$$

即
$$\max_{Y_s} \pi = P \prod_{s=1}^{S} Y_s^{\theta_s} - \sum_{s=1}^{S} P_s Y_s \quad (3-3)$$

解得，$\frac{\partial \pi}{\partial Y_s} = \theta_s Y_s^{\theta_s-1} \prod_{i=1, i \neq s}^{S} Y_i^{\theta_i} - P_s = 0$，移项，两边同乘以 Y_s 后，

得到，
$$P_s Y_s = \theta_s P Y \quad (3-4)$$

式（3-4）中，P_s 是行业产出 Y_s 的价格，P 是最终产品价格。如果用计数单位代表最终产品，那么可令 P 为 1。行业总产出 Y_s 是行业 S 中 M_s 个垄断竞争的中间产品生产企业产出 Y_{si} 的 CES（固定替代弹性函数）加总：

$$Y_s = \left(\sum_{i=1}^{M_s} Y_{si}^{\frac{\sigma-1}{\sigma}}\right)^{\frac{\sigma}{\sigma-1}} \quad (3-5)$$

式（3-5）中，σ 为不同中间产品的替代弹性，并由此给出企业 i 产品的需求函数表达式：

$$Y_{si} = Y_s (P_s/P_{si})^{\sigma} \quad (3-6)$$

式（3-6）中，P_s 是行业 S 的加总价格，P_{si} 是行业 S 中企业 i 的产品价格，满足：

$$P_s = \left(\sum_{i=1}^{M_s} P_{si}^{1-\sigma}\right)^{\frac{1}{1-\sigma}} \quad (3-7)$$

设定行业 S 由众多垄断竞争的中间产品生产企业构成，且每个企业的全要素生产率差异显著，其生产函数是规模报酬不变的 C-D 函数：

$$Y_{si} = A_{si} K_{si}^{\alpha_s} L_{si}^{1-\alpha_s} \quad (3-8)$$

式（3-8）中，A_{si}、K_{si}、L_{si} 分别代表行业 S 内中间产品生产者 i 的全要素生产率、资本要素投入和劳动要素投入，α_s 是资本要素弹性系数，$1-\alpha_s$ 是劳动要素弹性系数。同一行业内资本弹性和劳动弹性相同，行业间则存在差异。

假若没有资本错配，则企业的生产目标函数为：

$$\max_{K_{si}, L_{si}} \pi_{si} = P_{si} Y_{si} - w L_{si} - R K_{si} \quad (3-9)$$

在存在资本错配的情形下，各企业将面临有差异的生产扭曲。这些扭曲会使得企业投入要素的相对边际产品发生变化。从一定意义上说，产出扭曲（τ_{ysi}）可近似理解为向企业产出收税，是可以同比例地影响资本和

劳动边际产品的因素。譬如，税收优惠以及政府补贴等有利于企业产出扭曲的降低；企业规模限制、市场分割与地方保护、政府对企业的准入规则限制、生产规模限制等均会加剧企业的产出扭曲。类似地，资本扭曲（τ_{ksi}）可看作向资本征税，这会增加资本相对于劳动的边际产品。然而，在现实经济的实际运行过程中，受限于信息不对称等所导致的金融摩擦（Buera et al.，2015；Pratap and Urrutia，2017；张庆君、李萌，2018）、金融发展程度的差异及金融的可得性（Kalemli-Ozcan et al.，2012；李旭超，2017；田国强、赵旭霞，2019）、信贷配置的制度偏向（简泽等，2018）、政策扭曲（Brandt et al.，2013；Bartelsman et al.，2013；Tombe and Winter，2015）以及融资约束（张璇等，2017）等种种因素，市场中有限的稀缺资本并没有按照产出最大化的目标原则进行"有效配置"，占有更多资本资源的企业反而资本回报率低下，不同企业面临不同程度的资本扭曲，并造成整个行业的资本错配。但就单个企业本身而言，资本扭曲并非一定是坏事。倘若一企业能够以低于市场出清的价格获得银行贷款，那么它很有可能会选择更多地使用资本，导致资本边际生产率偏低，产生负向的资本扭曲（$\tau_{ysi} < 0$），即有利的资本扭曲。反之，则会选择过少地使用资本，具有较高的资本边际生产率，面临正向的资本扭曲（$\tau_{ksi} > 0$），即不利的资本扭曲。引入资本扭曲 τ_{ksi} 和产出扭曲 τ_{ysi}，垄断竞争的中间产品生产企业最优化问题变为：

$$\pi_{si} = (1 - \tau_{ysi}) P_{si} Y_{si} - w L_{si} - (1 + \tau_{ksi}) R K_{si} \qquad (3-10)$$

在上文设定的垄断竞争市场结构、均衡时的资本价格 R 和劳动价格 W、产出和资本扭曲因子 τ_{ysi} 和 τ_{ksi} 情形下，企业按照利润最大化原则确定资本和劳动的最优投入 K_{si} 和 L_{si} 以及产品价格 P_{si}。利用利润最大化问题的一阶条件得到：

$$P_{si} = \left(\frac{\sigma}{\sigma - 1}\right)\left(\frac{w}{1 - \alpha_s}\right)^{1-\alpha_s}\left(\frac{R}{\alpha_s}\right)^{\alpha_s} \frac{(1 + \tau_{ksi})^{\alpha_s}}{A_{si}(1 - \tau_{ysi})} \qquad (3-11)$$

此时，企业的最优资本劳动比、劳动、资本和产出分别是：

$$\frac{K_{si}}{L_{si}} = \frac{\alpha_s}{1 - \alpha_s} \cdot \frac{w}{R} \cdot \frac{1}{1 + \tau_{ksi}} \qquad (3-12)$$

$$K_{si} = \frac{A_{si}^{\sigma-1}(1-\tau_{ysi})^{\sigma}}{(1+\tau_{ksi})^{\sigma_s(\sigma-1)+1}} \left(\frac{\sigma-1}{\sigma}\right)^{\sigma} \left(\frac{R}{\alpha_s}\right)^{\alpha_s(1-\sigma)-1} \left(\frac{w}{1-\alpha_s}\right)^{(\alpha_s-1)(\sigma-1)} \quad (3-13)$$

$$L_{si} = \frac{A_{si}^{\sigma-1}(1-\tau_{ysi})^{\sigma}}{(1+\tau_{ksi})^{\sigma_s(\sigma-1)}} \left(\frac{\sigma-1}{\sigma}\right)^{\sigma} \left(\frac{R}{\alpha_s}\right)^{\alpha_s(1-\sigma)} \left(\frac{w}{1-\alpha_s}\right)^{\alpha_s(\sigma-1)-1} \quad (3-14)$$

$$Y_{si} = \left(\frac{\sigma-1}{\sigma}\right)^{\sigma} \left(\frac{1-\alpha_s}{w}\right)^{\sigma(1-\alpha_s)} \left(\frac{\alpha_s}{R}\right)^{\sigma\alpha_s} P_s^{\sigma} Y_s \cdot \frac{A_{si}^{\sigma}}{(1+\tau_{ksi})^{\alpha_s\sigma}} \quad (3-15)$$

根据式 (3-12)、式 (3-13)、式 (3-14) 和式 (3-15),企业 i 的资本边际收益产品 $MRPK_{si}$ 和劳动收益产品 $MRPL_{si}$ 可表述为:

企业的全要素生产率并非企业间资源分配的唯一因素,其所面临的产出扭曲和资本扭曲也会影响其所得到的最终资源。企业间劳动力和资本边际收益产品的差异在一定程度上可视为扭曲的结果。其中,劳动的边际收益产品与单位工人的收入成正比关系:

$$MRPL_{si} = (1-\alpha_s)\frac{\sigma-1}{\sigma}\frac{P_{si}Y_{si}}{L_{si}} = w\frac{1}{1-\tau_{ysi}} \quad (3-16)$$

资本的边际收益产品与单位资本的产出表现出正比关系:

$$MRPK_{si} = \alpha_s \frac{\sigma-1}{\sigma}\frac{P_{si}Y_{si}}{K_{si}} = R\frac{1+\tau_{ksi}}{1-\tau_{ysi}} \quad (3-17)$$

根据式 (3-16)、式 (3-17) 得到,

$$1+\tau_{ksi} = \frac{\alpha_s}{1-\alpha}\frac{wL_{si}}{RK_{si}} \quad (3-18)$$

$$1-\tau_{ysi} = \frac{\alpha}{\alpha-1}\frac{wL_{si}}{(1-\alpha_s)P_{si}Y_{si}} \quad (3-19)$$

以上分析表明,我们可以利用式 (3-18) 和式 (3-19) 分别对产出扭曲 (τ_{ysi})、资本相对于劳动的扭曲 (τ_{ksi}) 进行估计。

在上文分析的基础上,如果设定资本和劳动力的绝对扭曲水平为 τ_{ksi}^* 和 τ_{lsi}^*,那么企业的利润函数可以表示为:

$$\pi_{si} = P_{si}Y_{si} - (1+\tau_{lsi}^*)wL_{si} - (1+\tau_{ksi}^*)RK_{si} \quad (3-20)$$

企业利润最大化的一阶条件同 $\{\tau_{ysi},\tau_{ksi}\}$ 一致,解得:

$$1 + \tau_{lsi}^* = \frac{1}{1 - \tau_{ysi}} \qquad (3-21)$$

$$1 + \tau_{ksi}^* = \frac{1 + \tau_{ksi}}{1 - \tau_{ysi}} \qquad (3-22)$$

最终得出：

$$1 + \tau_{lsi}^* = \frac{\sigma - 1}{\sigma} \frac{(1 - \alpha_s) P_{si} Y_{si}}{w L_{si}} \qquad (3-23)$$

$$1 + \tau_{ksi}^* = \frac{\alpha_s (\sigma - 1)}{\sigma} \frac{P_{si} Y_{si}}{R K_{si}} \qquad (3-24)$$

考虑到本书主要研究跨企业的资本错配问题，下文不再对劳动力错配做过多阐述，而是围绕资本错配展开。从式（3-24）中可以明显看出资本扭曲的经济意义，即不存在资本扭曲时，$\tau_{ksi}^* = 0$。此时，企业所支付的资本报酬等于行业内资本投入要素创造的产出份额。二者发生偏离，则意味着资本边际收益产品与市场出清时的资本使用成本不一致，发生资本扭曲。

根据 Hsieh 和 Klenow（2009）的研究，行业 S 中各企业资本扭曲的方差即跨企业的资本错配，或称为行业资本错配，即行业 S 内全部企业资本扭曲的离散程度。

$$Var_{s\tau k} = Var[\ln(1 + \tau_{ksi}^*)] \qquad (3-25)$$

$$Mis_{s\tau k} = \frac{\sigma \alpha_s^2}{2} Var[\ln(1 + \tau_{ksi}^*)] \qquad (3-26)$$

式（3-26）中的 $\sigma \alpha_s^2 / 2$ 可以看作以行业资本产出弹性为代表的权重。

借助以上理论分析和生产率的估计方法，具体测度资本错配这一指标。考虑到 OP 和 LP 方法设置生产率代理变量处理潜在的内生性问题一般会引发共线性问题，造成生产率估计的有偏，本书使用 ACF 方法（Ackerberg et al., 2015）解决内生性和共线性问题。同时，为确保测算出的资本错配不受随机扰动因素的影响，本书对测量误差和随机生产率误差等扰动因子做分离处理。将式（3-24）中的 $P_{si} Y_{si}$ 调整为 $P_{si} Y_{si} / e^{\zeta_{si} + \xi_{si}}$ 形式以满足 ACF 方法对生产率所做的指数形式设定模式，结合式（3-26），测算中国上市企业的资本错配现状，结果如表 4-1 所示。

3.2 资本错配影响上市企业行为的理论分析与研究假设

上市企业作为中国最优秀的企业代表，其竞争力的塑造直接关系到新常态下宏观层面经济高质量的实现。事实上，企业的高质量发展不应只停留在绝对量或相对量的扩张以及单纯依靠增加要素投入寻求发展的粗放式阶段，而更应该强调企业长期成长的素质培育和持续的价值创造（黄速建等，2018）。本书将企业行为定义为企业为实现经营目标而进行的有规则的活动，概念上包含生产行为、交换行为、分配行为、投资行为等；结合中国经济面临的现实问题，主要从企业创新、企业金融化、企业对外直接投资、企业税负等四个维度出发来探究资本错配与上市企业行为之间的关系，以期为企业的高质量发展提供理论依据和政策基础。

3.2.1 资本错配影响企业创新的理论分析与研究假设

创新是引领经济高质量发展的第一动力，资本市场是实现创新驱动经济高质量发展的助推器。创新离不开资本的引领和催化，资本市场在支持创新方面具有重要的功能优势，资本市场通过发现培育创新型企业、分散和降低创新风险、提供创新融资服务、优化创新资源配置，从而对创新发展起到重要的引领作用（资本市场改革课题组，2019）。已有文献深入讨论了资本对创新的促进作用，分别从内部资本市场、制度资本、风险投资等角度展开。例如，内部资本市场促进了上市公司的实质性创新（杨理强等，2019）。企业正式制度资本与其创新倾向之间呈现出递增的正向关系，而企业非正式制度资本与其创新倾向之间呈现出递减的正向关系（高山行等，2019）。风险投资对创新绩效有显著的促进作用（Santos and Qin，2019；Sun et al.，2020）。资本市场对创新的引领和催化作用基于资本资源有效配置的前提，如果资本市场不能够有效地配置资本资源，出现资本错配现象，那么，资本市场对创新会有着怎样的影响呢？进一步地，资本错配如何影响企业的创新呢？

为考察资本错配对企业创新行为的影响，本节利用理论分析并结合一个含有企业 A 和企业 B 的简单市场进行详细论证。

（1）当企业不面临资本错配时，企业资本与企业创新之间的关系。本书所讨论的资本错配的理论基础建立在 Hsieh 和 Klenow（2009）发展起的一个包含异质性企业的垄断竞争模型之上的。在生产和销售有差别的同种商品的垄断竞争市场中，企业在一定程度上可以控制自己商品的价格和销售量，所以垄断竞争企业所面临的需求曲线是向右下方倾斜的。在垄断竞争市场中，某企业改变商品价格，市场中其他所有企业也会使自身商品价格发生相同变化。所以，垄断竞争市场中所有的企业会面临同样一条实际的需求曲线，这条需求曲线表示垄断竞争市场内每个企业在每一个市场价格水平的实际销售份额。如果垄断竞争市场中有 N 个企业，不管全体 N 个企业将市场价格调整到何种水平，每个企业的实际市场需求份额为市场总需求份额的 1/N。

首先，当不存在资本错配时，由于创新的风险性特征，理性的企业只有在满足自身生存发展以后，才会进行创新行为，即企业的资本首先满足生产需要，之后多余的资本才会进行创新活动。Brown 和 Petersen（2011）发现冗余的资本资源能够保障企业创新投入的持续性，避免研发活动的中断。创新的风险特征使得企业的创新行为面临较大的不确定性，如果创新成功，企业会大幅度提高自身的生产率，提升企业的市场竞争力；如果创新失败，则会对企业带来较大损失，影响企业发展。因为企业的创新行为存在较大风险，所以理性的企业家会在企业创新与企业生产之间小心地分配资本资源。根据企业的利润最大化原则，如果企业面临已知的市场需求份额；那么，企业只有生产出满足自己面临的市场需求份额以后，才会利用"多余"的资本进行创新活动。因此，在一定程度上，可以认为创新是企业生产经营过程中的"奢侈品"，企业只有在自身基本的"生存"需求得到满足以后，即企业先生产出自己面临的市场份额以后，才有能力追逐创新这一"奢侈品"。

其次，当不存在资本错配时，在市场均衡状态下，企业的资本边际收益产品等于资本使用成本。而且，企业之间的资本生产率相同，资本使用成本也相同。从而，为了提高企业自身的竞争力，每个企业均会进行创新活动，并且每个企业的创新成功概率也相同。当不存在资本错配时，企业的创新活动会呈现出"百花齐放、百家争鸣"的现象。

我们先看一下资本的边际收益产品与资本使用成本之间的关系。企业的收益 R 等于其商品价格 P 和商品数量 Q 的乘积，即 $R = P \times Q$。假设企业的反需求函数为 $P = P(Q)$，生产函数为 $Q = Q(K)$，K 为企业的资本，则企业的收益函数可表示为：

$$R = P \times Q = P[Q(K)] \times Q(K) \qquad (3-27)$$

式（3-27）中，$P[Q(K)]$ 为商品价格，是投入要素 K 的复合函数：商品价格 P 是商品数量 Q 的函数，商品数量 Q 又是投入要素 K 的函数。

根据式（3-27），投入要素 K 边际增加对企业收益 R 的效应称为资本的边际收益产品（MRPK）。MRPK 具体是指增加 1 单位资本生产要素的投入所导致产出的增加量。在一些研究中，使用 MRPK 的标准差来衡量资本错配，即 MISK = sd（MRPK）（Asker et al., 2014；Alam, 2020）。根据 MRPK 的定义，可知：

$$MRPK = \frac{dR}{dK} = \frac{dR}{dQ} \times \frac{dQ}{dK} = MR \times MP \qquad (3-28)$$

此时，为了求解 MRPK，需要求解 MR 和 MP。

一方面，$MR = [Q \times P(Q)]' = P(Q) + Q\left[\dfrac{dP(Q)}{d(Q)}\right]$，产品价格为常数，即 $P(Q) = p$，从而 $\dfrac{dP(Q)}{d(Q)} = 0$，于是 $MR = p$。

另一方面，由利润最大化可知，

$$\pi(K) = p \times Q(K) - r \times K \qquad (3-29)$$

为达到利润最大化，必须使

$$\frac{d\pi(K)}{dK} = p \times \left[\frac{dQ(K)}{dK}\right] - r = 0，即 P \times \left[\frac{dQ(K)}{dK}\right] = r \quad (3-30)$$

而 $\dfrac{dQ(K)}{dK}$ 就是资本要素 K 的边际产品，即 $MP = \dfrac{dQ(K)}{dK}$，即 $P \times MP = r$。

因此，$MRPK = r$，即资本的边际收益产品等于资本价格，也就是资本

的利率 r。

由于市场中资本总量在短期内是一定的，每个企业均拥有 $1/N$ 的资本，代表性的企业 A，会努力提升自身的资本生产率，因为在面临一定的市场需求下，资本生产率越高，生产相同商品所投入的资本就越少，进而有更多的资本被投入创新活动当中。此时，资本生产率与企业创新行为呈正相关关系，即资本生产率越高，企业越会进行创新活动。由于资本生产率越高，投入创新活动中的资本数量越多，企业的创新成功概率会越高，创新风险就会越低，因此，资本生产率与企业创新风险呈负相关关系，即资本生产率越高，企业的创新风险越低。

（2）当企业面临资本错配时，企业资本与企业创新之间的关系。金融体系改革滞后、金融市场不完全发展、金融摩擦等均会导致资本错配问题（Wu，2018；简泽等，2018），而且资本错配不仅存在于发展中国家，在发达国家也普遍存在。只是发展中国家面临的资本错配与发达国家的资本错配成因不同，但其实质相同，均是指资本于企业之间错配。本书主要讨论资本错配对创新的影响，资本错配的成因分析不是本书的重点。

假定市场中只有代表性的企业 A 和企业 B，企业 A 和企业 B 生产同种商品，在现实中企业 A 和企业 B 属于同一行业。假设这时市场存在资本错配，也就是市场对资本在企业 A 和企业 B 之间的分配，不是内生于企业 A 和企业 B 的资本生产率，而是由于某种特殊因素外生于企业 A 和企业 B 的资本生产率。我们进一步假定，企业 A 受到了对自身有利政策的作用，由于市场中资本资源是固定的，那么，必然企业 B 会受到对其自身不利政策的作用。也就是企业 A 受到了有利的资本扭曲，而企业 B 受到不利的资本扭曲。

这时，我们可以知道以下几个事实：第一，相比存在资本错配时，企业 A 获得了过多的资本资源，企业 B 获得了过少的资本资源。因为企业 A 除获得根据其自身资本生产率所应该分配的资本资源以外，还额外地获得了资本资源，而企业 B 获得了少于其自身资本生产率所应该分配的资本资源，资本资源在企业 A 与企业 B 之间产生了错配。第二，此时，企业 A 的资本生产率显著低于企业 B。因为如果企业 A 的资本生产率不低于企业 B，那么，企业 A 就本该获得比企业 B 较多的资本资源。第三，此时，企业 A 的资本使用成本，也就是资本利率，要显著低于不存在资本错配时的资本使用成本，并且更显著地低于企业 B 的资本使用成本；而企业 B 的资本使用成本，则要显著高于不存在资本错配时的资本使用成本，并且更显著地高于企业 A 的资本使用成本。原因在于，一方面，根据上文可知，企业的资本边际收益产品与资本利率相等，既然企业 A 的资本生产率显著地低于企业 B，那么，企业 A 的资本使用成本则必然低于企业 B。另一方面，由于上文讨论中企业 A 和企业 B 面临较为固定的市场需求份额。如果企业 A 利用较高的资本使用成本，也就是资本利率获得了较多的资本，那么，企业 A 会被逐出市场，这就与上文市场中存在代表性企业 A 和企业 B 的假设相背离，因此，这种情况不存在。

基于以上假设事实，我们进行如下几方面的讨论：

第一，资本错配对创新数量的影响。从企业的角度来讲，企业是创新活动的主体，企业的创新动力来源于两方面：一方面，来自企业在激烈的市场竞争环境中的生存压力，如果企业不进行创新活动就无法在市场竞争中生存。市场竞争越激烈，企业生存压力越大，企业进行创新活动的动力就越强劲。另一方面，来自企业追逐高额利润，提升企业自身资本回报的压力。与市场中的其他企业相比，有着创新活动的企业，其创新活动一旦成功，就可以获得高于市场其他企业平均利润水平的超额利润，企业会得到丰厚的资本投资回报。

存在资本错配的市场中，企业 A 通过政策因素受到有利的资本错配，已经拥有着过多的低成本的资本资源。创新的目的是获取更高的资本回报，而此时企业 A 已经拥有了较高的资本回报率。因此，与不存在资本错配时相比，虽然企业 A 拥有着更多的资本资源，但却缺乏创新动力，创新活动受到一定的抑制。对于企业 B 来说，其受到不利的资本错配，市场分配给企业 B 过少的高成本的资本资源。企业 B 不仅面临资本资源不足的窘境，还面临资本使用成本过高的问题。在已知的市场需求下，企业 B 为了企业的生存，不仅无法进行创新活动，可能正常的生产经营活动都会受到一定程度的影响。

如果图3-1所示，横轴是资本K；纵轴是创新数量$INNO$；F曲线表示资本K与创新数量$INNO$的关系，即资本与创新数量成正相关关系。当市场不存在资本错配时，如果企业的资本为K_0，则创新水平为I_0。此时，如果企业的资本K从K_0增加到K_A，则企业的创新水平上升为I'_A；如果企业的资本K从K_0减少到K_B，则企业的创新水平下降为I'_B，如图3-1（1）所示。当市场存在资本错配时，企业A受到有利的错配影响，其资本从K_0上升到K_A，那么企业A的创新水平是否还会上升为I'_A呢？显然不会。因为企业A缺乏创新动力，所以其创新水平不会上升为I'_A，而是仅会上升到I_A，$I'_A I_A$可以看成是资本错配对企业A带来的创新损失，如图3-1（2）所示。当市场存在资本错配时，企业B受到不利的错配影响，其资本从K_0下降到K_B，那么企业B的创新水平是否还会下降为I'_B呢？在资本错配下，企业B的资本不仅会减少，其资本的使用成本还会增加。所以企业B的创新水平不会下降为I'_B，而是会下降为I_B，$I'_B I_B$可以看成是资本错配对企业B带来的创新损失，如图3-1（3）所示。因此，在企业A和企业B的双重创新损失下，资本错配显著降低了市场中企业的创新水平，使得创新活动受到抑制，抑制程度是I'_A、I_A和I'_B、I_B之和。

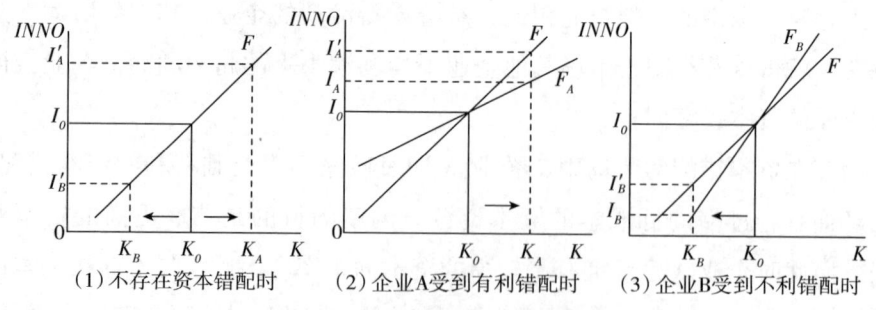

（1）不存在资本错配时　（2）企业A受到有利错配时　（3）企业B受到不利错配时

图3-1　资本错配与企业创新

此外，还有一种情形需要特别说明。从理论上讲，对于企业A来说，一方面，在资本有限且稀缺的情况下，资本错配让受到有利错配的企业A

能够以低于市场出清时的资本使用成本得到银行贷款,通过使用较多的资本,就可以保证创新的不断投入。另一方面,如果企业 A 解决了其创新动力不足的问题,在较多资本的保证下,其创新效率也不会下降。对于企业 B 来说,受到不利错配影响的企业 B,由于可获取资本的减少,如果企业 B 提升了自身的资本生产率,抵消了资本成本上升对生产经营带来的不利影响。那么,与不存在资本错配相比,企业 A 和企业 B 的总体创新水平是否不变或者出现上升呢?答案是否定的。一方面,资本错配的存在会增加市场中企业的非生产性寻租或寻利活动(Boldrin and Levine,2004;张璇等,2017),市场中的资本总量会由于寻租行为而下降,即企业 A 的资本不会从 K_0 到达 K_A,企业 B 的资本减少要超过 K_B,市场中用于生产的资本总量会下降,在 F 曲线不变的情况下,创新水平必然会下降。另一方面,F 曲线表示的是企业在最优化生产时的资本与创新的关系曲线,短期内企业 B 很难大幅度提升自身的资本生产率水平,即 F 曲线在短期内不变。而且企业 B 在现实中,由于其资本使用成本的增加,意味着企业融资约束的提高、创新成本和创新风险的积聚,这会使得创新生产项目往往得不到充足的资金支持,降低企业的创新意愿和动力,造成企业创新乏力。以上两方面就使得市场存在资本错配,其创新水平就必然会下降。

总之,依靠非市场化的资本配置行为,在一定程度上造成了资本市场供求的失衡与扭曲,导致创新资本无法按照市场规律进入边际收益最高的生产领域,进而降低了创新资源的配置效率,产生创新活动的损失。根据以上分析提出:

假说 1:资本错配降低了企业的创新数量。

第二,资本错配对创新质量的影响。创新质量虽然以创新数量(以专利数量衡量)为基础,创新数量越多的企业,其创新质量也相对较高。但也并非完全如此。比如,两家生产类似商品的企业,如果其中一家企业实现了颠覆式创新,那么,显然创新为这家企业带来的收益是另一家企业的创新活动的收益所无法比拟的。因此,本书在分析资本错配对创新活动(数量)的影响以后,接着分析资本错配对创新质量的影响。

对于受到有利资本错配的企业 A 来说：一方面，企业由于某种政策性因素，降低了企业的资本成本，变相地提升了企业生产经营过程的资本回报率，使得企业缺乏创新动力。这样，企业 A 的企业家就不愿意投入大量资本资源从事风险高、周期长、投入多、难度大的创新活动。进一步地，企业家对企业创新活动的低要求，会使企业的研发部门不能有效地成长，使企业在无形中逐渐丧失对创新资本的规划能力、基础研发的培养能力、创新资源的整合能力，甚至创新研发人员的聚集效应也会随之降低。创新质量的提升不是一朝一夕的工作，而是一个逐步积累的长期过程。另一方面，由于企业 A 拥有较低的资本生产率，事实上说明企业 A 的技术进步水平较低，在较低的技术进步水平基础上，企业在进行创新活动时，创新质量的提升也会受到较大影响。对于受到不利资本错配的企业 B 来说，企业 B 在缺少资本资源以及面临较高资本使用成本的前提下，无法保证其创新活动的有效持续进行，而创新质量的提升是一个创新活动持续投入的过程，因此，企业 B 的创新质量也会受到资本错配的负向影响。根据以上分析提出：

假说 2：资本错配降低了企业的创新质量。

第三，资本错配对创新风险的影响。企业的创新活动伴随着创新风险，创新风险的高低决定着创新活动的成败（王玉泽等，2019；胡国柳等，2019）。在一定程度上，创新是一个系统性工程，创新成功与否看似巧合，实则与创新系统的方方面面紧密相联。创新风险内生于企业的创新活动，与企业的创新动力、创新决策，以及创新研发人员的激励机制息息相关，也与企业的创新文化、创新经验，甚至企业的创新环境密切相关。对于受到有利资本错配的企业 A 来说，其存在市场竞争压力缺失、创新动力与创新激励不足的问题。①创新研发人员是企业创新活动的具体实践者和执行者，企业创新激励不足，会直接影响企业创新人员实际工作效果的强弱，这会增大企业创新活动蕴含的风险水平。②企业对创新风险的管控能力是在市场竞争中成长起来的。市场竞争的缺失会导致企业的创新理念和创新意识不断弱化，无法形成科学的创新决策，造成企业创新活动的风险隐藏，得不到有效管控。③企业对创新活动的系统性经验，取决于企业生产经营的日常管理工作。创新活动与企业其他生产活动一样，都与企业管理经营能力密切相关。资本生产率较低的企业，其生产经营的管理能力也普遍较低，进而企业的创新效率也普遍较低，创新风险与创新效率呈负相关关系，因此，企业的创新风险会相对较高。根据以上分析提出：

假说3：资本错配提高了企业的创新风险。

3.2.2 资本错配影响企业金融化的理论分析与研究假设

为方便讨论，说明资本错配情况下企业所面临的两种资本扭曲 τ_{ksi} 以及在不同资本扭曲情形下可能采取的不同措施或金融化决策，我们假设市场中S行业存在i家企业，i = H（高效率企业）、L（低效率企业）。其中，H企业的资本使用成本为 R_H，L企业的资本使用成本为 R_L，市场出清时的均衡资本价格为R，且 $R_H > R$，$R_L < R$。

（1）资本错配对企业金融化的影响

资本扭曲改变了资本要素的相对边际产品，相当于对资本加税，这意味着，资本的边际收益产品与市场出清时资本使用成本的差即为资本扭曲，因而 $(1 + \tau_{ksi}) = MRPK_{si}/R$①。那么，在资本总量一定的前提下，当H企业要以高于R的资本使用成本才能获得银行贷款时，显然H企业会选择过少地使用资本，此时H企业具有较高的资本边际生产率，面临正向的资本扭曲（$\tau_{ksH} > 0$），即不利的资本扭曲；L企业以低于R的成本得到信贷支持，从理性经济人视角出发，L企业会选择更多地使用资本，导致资本边际生产率偏低，存在负向的资本扭曲（$\tau_{ksL} < 0$），即有利的资本扭曲。并且，S行业内H企业和L企业的资本边际报酬方差越大，即资本扭曲的离散程度越大，企业间的"不平等性"越大，S行业的资本错配越严重。

在这种情形下，受到负向错配的L企业，由于其资本使用成本较低，理性的企业家会根据资本要素相对价格的变化过多地使用资本，并按照利润最大化原则进行投资机会和项目的选择。在当前实体经济下行，固定资

---

① 当不存在资本扭曲时，$\tau_{ksi} = 0$，此时 $MRPK = R$。

产与金融资产收益率之差不断扩大的现实环境中，增加企业金融资产配置比例，将有限的资本要素投入金融和房地产行业，以期金融套利，是 L 企业获取超额利润的最优选择之一。一方面，L 企业本身产出效率偏低，进行实体投资获取利润的能力很差。虽然资本错配使得其在金融市场融资中占有优势地位，但实体经营中所面临的经营风险和盈利不确定性会改变其投资偏好，让其更愿意将资金配置于收益高、见效快的金融渠道以获取投资收益。另一方面，从防范风险出发，正如马克思在《资本论》中所指出的，从商品到货币的过程是"惊险的一跃"，这个跳跃如果不成功，摔坏的不是商品而是商品所有者。与其经历这"惊险一跃"，不如直接从变现能力较强、调整成本较低的金融行业中获取利差。凭借资本错配所产生的企业间的"不平等性"，L 企业既可以借助影子银行信贷体系，通过委托贷款、购买诸如理财、信托或结构性存款等"类金融产品"加入体制内影子银行信用链条（Du et al., 2017；韩珣等，2017；戴赜等，2018），也可以直接作为信用创造的主体和实体中介，将低价获得的资本转贷给 H 企业或对 H 企业进行股权投资，以获取包括利息收入、分红收益和投资收益等各类与自身主营业务无关的资本利得，实现短期快速套利的目标（李建军、韩珣，2019）。这一做法不仅有利于其短期套利，而且保证了 L 企业在市场中的继续存活。

那么在资本资源有限且稀缺的情况下，对于受到正向资本扭曲的 H 企业，其最优策略是什么呢？对于这部分企业来说，资本错配使得其融资成本偏高，给定二者产出效率差异，当二者在市场中完全竞争时，H 企业将采取不同于 L 企业的差异化策略：选择将有限的资金投入生产研发活动中，提高企业生产率并降低企业金融化程度。因为当 H 企业采取和 L 企业一样的策略，即进行企业金融化以牟取超额利差时，资本错配使得 L 企业的资本使用成本偏低（$R_L < R < R_H$），H 企业获利将少于 L 企业，并最终因经营不善，获利较低而退出市场。但是，随着行业资本错配程度的加深，H 企业获取相同资本所需成本越来越高，经营风险的积聚会迫使其吸收相当数量的资金以应对未来现金流的不确定性，平滑实体投资和企业的研发

创新活动（Brown and Petersen, 2001; Almeida et al., 2004; 刘贯春, 2017）。已有研究表明，持有金融资产特别是交易性金融资产，是企业应对外部不利融资形势的一种资金储备行为（杨筝等, 2017）。金融资产具有流动性贮藏工具和投资机会的双重属性（彭俞超等, 2018a）。例如，胡奕明等（2017）研究发现，企业对金融资产的配置尤其是在现金方面的持有主要是基于预防储蓄的"蓄水池"动机。考虑到金融市场风险和经营风险，企业会增持保值性金融资产，减持投机性金融资产（彭俞超等, 2018a）。因而，在资本错配情况下，H企业也有可能增持部分金融资产，以作为规避经营风险、缓解未来投资不足的缓冲工具。

由此不难看出，资本错配越严重，企业进行金融化的动机越强烈。对于整个社会来说，资本错配作为偏离市场经济规律的非市场化现象，在加强资本偏袒企业金融资产配置动机和套利的同时，也在一定程度上挤出了高生产率企业的固定资产投资，推高了高生产率企业的生产运营成本，降低了整个社会对实体投资和生产的热情。

此外，考虑到不同的资产配置动机会导致不同的配置结果和盈利差异，我们认为资本错配会降低企业在金融渠道的获利。一方面，资本错配使得资本使用成本偏低的企业进行金融化的动机增强，更容易在金融业、房地产行业等领域产生过度投资行为和羊群效应，造成金融投资的非效率性，降低金融渠道获利。另一方面，金融植根于实体经济，各类金融机构和投资者的收益均是实体经济价值转移的结果（王国刚, 2018）。在社会资本有限的情况下，资本错配使得高生产率企业过少地使用了资本，大量资金停留于金融层面，这既弱化了实体经济创造对应财富和价值的能力，造成实体企业投资不足，呈现出"制造业空心化"趋势，也引致了金融层面的"资产荒"，造成企业金融渠道获利的减少，使得整个社会的经济福利降低，陷入虚拟投资过热和实体投资不足的双重困境。根据以上分析提出：

假说4a：资本错配对企业金融化的影响取决于受到正向资本扭曲和负向资本扭曲企业金融化决策的综合结果。

假说4b：整体上，资本错配削弱了实体经济的财富创造，不利于社会经济福利的提高，对企业金融渠道收益存在负面影响。

假说5：资本错配会提高低效率企业的企业金融化，对高效率企业金融化存在不确定性影响。

（2）资本错配影响企业金融化的作用机制

利润是实体企业抵御市场风险的第一道经济机制（王国刚，2018）。近年来，驱动企业进行金融化的主要因素之一在于，中国实体经济增速放缓、结构调整同时前期刺激政策消化等宏观环境发生变化，企业亟待发现新的盈利增长点（张慕濒、孙亚琼，2014）。事实上，在利润最大化目标的驱使下，企业很可能会因实体盈利能力降低或投资机会不足而选择进行金融化（张成思、张步昙，2015；戴赜等，2018）。

与正常融资情况相比，资本错配使得企业的资本使用成本与生产率发生偏离。对于生产率较高的企业，在其他经营成本不变的条件下，较高的资金使用成本会增加企业的生产运营成本，减少企业从产品生产中所获取的实体利润，强化企业进行固定资产投资的风险和顾虑，进而改变企业后期的投融资行为，令企业的经营行为表现出更多的"短视性"，即将关注点转向获利更快、变现能力较强和调整成本更低的金融资产投资。对于生产率较低的企业，资本错配使得其资本生产率偏低，资金相对宽裕。在这种情况下，如果其将低成本获得的资本用于固定资产投资以扩大经营规模，这无疑会增加其低效率业务产出，扩大低效率经济的规模（罗来军等，2016），进一步拉低实体利润率，扩大实体与金融部门间的利润差距，强化企业金融化动机。如果选择金融资产投资，由于资本有限且稀缺，大量金融资产跟风涌入金融部门，不仅会推高金融风险，降低金融渠道获利，而且会挤出高生产率企业的固定资产投资，加重实体层面"资金荒"（王国刚，2018），使得整个经济体系中的实体获利更加艰难。由此可见，资本错配破坏了企业资本使用成本与生产率的对应关系，通过拖累整体行业内企业的实体投资利润率，降低投资者对未来实体投资的预期，进而强化企业金融化动机。根据以上分析提出：

假说6：资本错配会通过拖累行业内企业实体投资利润率，提高企业金融化程度，降低金融渠道获利。

实体企业的发展运行离不开资本市场的资金供给，股权融资和债券融资是企业获得外部资金的两种途径，但鉴于中国直接融资市场发展缓慢，银行信贷依旧在企业外源融资中占据主导地位（白云霞等，2016）。资本错配作为一种偏离经济规律的非市场化行为，使得拥有较高产出效率的企业债务融资成本偏高，较低产出效率的企业债务融资成本偏低，一方面这会扰乱资金需求方（企业）的资本结构和投融资需求，另一方面也会扭曲资金供给者（银行）的贷款发放行为，进而加剧企业金融化行为。

对于企业需求方来讲，债务融资成本偏高意味着实体投资预期收益的减少、债务负担的增加和经营风险的积聚。面对这一不确定性可能带来的企业逆向选择和道德风险、不良贷款余额和坏账率"双升"等不利因素（马红等，2018），作为资金供给方的银行有动机主动收紧长期贷款发放闸门，以短期信贷方式控制企业违约风险（Fan et al.，2012；Custodio et al.，2013；钟凯等，2016）。这一做法虽然在短期内为实体企业的固定资产投资提供了流动性支持，但长期来看，以短期贷款支持长期投资会造成企业资产与债务期限的不匹配，会进一步放大企业持续运营风险和还贷压力。在这种情况下，企业会更青睐于增加转换性较强的金融资产以作为投资活动的缓冲工具，代替债务融资（Acharya et al.，2007；刘贯春等，2018），提高企业金融化。至于债务融资成本偏低的企业，由于金融资产投资是其利用资本错配产生的有利扭曲牟取巨大利差的占优策略，且金融资产的投资期限较短，这类企业会主动采取增加短期贷款的方式达到节省融资成本，配置更多金融资产，套取更高利差的目的。根据以上分析提出：

假说7：资本错配会通过扭曲债务融资的市场治理属性，加剧短贷长投而提高企业金融化。

3.2.3 资本错配影响企业OFDI的理论分析与研究假设

受经济全球化趋势的影响，开拓国际市场、进行海外投资已逐渐成为发展中国家企业追求企业利润最大化、实现价值增殖的重要"跳板"和战略部署。大量研究表明，OFDI 在提升企业产出（杨连星等，2019）、增加产品多元化（杨汝岱、吴群锋，2019）、促进国内产业结构转型升级、创新效率以及企业竞争力培育（赵甜、方慧，2019）等方面发挥着重要作用。

但值得注意的是，企业对外直接投资的实现离不开资本要素的支持，尤其是外部金融资源的支持（连立帅、陈超，2017）。虽然一些企业可以利用内部资金，譬如使用利润留存等实现再投资，但对于多数企业来说，外部融资依然是其获取资金的重要来源和主要渠道。然而，中国资本市场发展的不完善、金融抑制的长期存在以及信贷资源的制度性偏向和配给（Brandt et al.，2013；Tombe and Winter，2015），使得资本要素的实际价格与均衡价格发生偏离，导致资本错配严重。在这一现实情况下，企业纯粹的市场行为也会因成本收益条件的改变而发生相应改变。

从理论上来讲，资本错配对企业 OFDI 的"抑制"效应和"激励"效应同时存在。一方面，资本错配的加剧，意味着同一行业内不同企业的资本使用成本差距进一步增加，资本扭曲的离散程度变大，企业间的资本边际收益产品（MRPK）产生分化。在资本有限且稀缺的条件下，资本跨企业的错配让一部分企业能够以低于市场出清时的资本使用成本得到银行贷款，较多地使用资本，以获得对外直接投资的成本优势。例如，朱荃和张天华（2015）研究发现，生产率对国有企业、政治关联企业的 OFDI 并无显著性影响。低生产率的国有企业可以凭借其与政府和国有银行之间的天然联系，获得对外直接投资的所有权优势和资源优势。Chen 和 Ma（2010）也指出，中国的制度环境和国家意图使得其跨国企业往往享有更多的信贷支持。从一定意义上，中国企业对外直接投资的迅猛增长，既有企业追求自身利润最大化、实现价值增殖的驱动，又有中国政府"走出去"政策的推动和国际交流合作的战略部署。但是这种依靠非市场化的配置行为和信贷优惠在支持特定范围企业受益的同时，也在一定程度上造成了资本市场供求的失衡与扭曲，导致资本无法按照市场规律进入边际收益最高的生产领域，进而降低资本配置效率，使得中国企业的对外直接投资质量参差不齐，甚至造成资本外流。刘志阔等（2019）指出，2015 年有 79.7% 的 OFDI 流向了避税天堂，中国企业存在利用避税天堂进行利润转移的行为。

另一方面，对于那些要以高于市场出清时资本使用成本才能得到银行贷款的企业而言，资本使用成本的增加意味着企业融资约束的进一步提高，这无异于变相提高了企业的对外直接投资的门槛。面对这一情形，理性的企业家会在国内生产投资成本、对外投资风险和收益不确定性之间进行权衡。对于本身无力承担这一高风险的企业而言，资本错配带来的高成本会进一步降低其对外直接投资的可能性。而对于自身生产率达到进入海外市场要求的高生产率企业来说，国内资本错配带来的经营成本压力和制度约束可能会强化其对外直接投资动机，诱使其通过国际化手段克服母国不利制度环境所产生的竞争劣势，从而获取更多企业成长的要素资源，带来生产率或整体投资回报率的进一步提高（Cuervo‒Cazurra et al.，2015；Shi et al.，2017）。这一制度规避效应得到众多文献的验证，认为本国金融发展不完备、金融抑制、市场分割以及关系文化等均是激励企业国际化的重要动因（王勋，2013；张杰等，2010；李新春、肖宵，2017）。杜思正等（2016）研究发现，资本价格扭曲制约了中国 OFDI 水平的提升，金融发展可以显著改善资本效率对 OFDI 的负向影响。王亚星和李敏瑞（2017）指出，资本扭曲在加重企业成本负担的同时，也会通过"倒逼"提高其企业生产率，强化其 OFDI 能力及意愿。根据以上分析提出：

假说 8：在其他因素和条件不变的情形下，资本错配对企业海外直接投资最终受到不利资本错配因素与有利资本错配因素的合力影响。

3.2.4 资本错配影响企业税负的理论分析与研究假设

资本作为企业价值创造的核心要素，其配置效率的提高深刻影响着企业的成长空间和发展潜力。事实上，一个国家的金融体系能否有效支持实体经济的持续健康发展，关键在于该国的金融体系构成与产业结构的相匹配。换言之，即在经济发展进程的不同阶段中，最优金融结构应该是动态演化的（张一林等，2019；张成思、刘贯春，2016）。改革开放后，随着中国经济制度和所有制结构的变迁，私营经济快速壮大，大量中小企业不断涌现。然而，金融市场改革滞后、金融双轨制的特殊环境，让资本要素在不同部门之间的自由流动仍面临较大阻碍，价格和数量的双重管制让资本要素长期处于扭曲状态，导致资本错配严重。例如，现有研究发现，国有大型银行对关键信贷资源的垄断，使得民营中小企业在银行信贷中总是遭受"所有制歧视"和"规模歧视"（林毅夫、李永军，2001；刘忠、李殷，2018）。"关系型"信贷配给、信贷寻租扭曲了资本价格，在造成金融资源错配、拉低金融效率的同时，也增加了腐败，提高了企业的融资和运营成本，挤出和替代了企业的创新资本（谢平、陆磊，2003；Aghion et al.，2012）。

根据传统要素分析范式，完全信息条件下的资本要素价格应等于其所带来的边际产出。当不存在资本错配时，给定企业生产率分布，资本要素应更多地流向生产率较高的企业。但从中国目前的总体情况来看，资本错配扭曲了企业资本使用成本与生产率的对应关系，让一些效率低下的企业以低于市场出清时的价格获得资本，效率较高的企业却以高于市场出清时的价格取得发展所必需的资本。在资本稀缺且有限的情况下，资本要素的配置失衡，一方面，破坏了企业"优胜劣汰"的进入和退出机制，让市场中充斥着低效率企业，挤占和降低了高效率企业的资本投资与发展空间，增加了企业间竞争的"不公平"，不利于市场"创造性破坏"机制的发挥，使得地方财政收入更加依赖那些有能力的企业（李旭超等，2018）。另一方面，也在一定程度上容易滋生信贷寻租等非生产性行为，造成激励机制的扭曲，在提高企业生产成本和交易成本的同时，削弱企业开展生产性活动的积极性，导致整个社会福利受损，最终影响经济税源（张璇等，2017）。

在这种情况下，由于财政支出刚性，地方政府会有强烈动机增加财政收入来源，或"未雨绸缪"地增加预防性储备资金，以缓解财政压力，进而提高企业实际税率（Agenor and Aizenman，2010）。1994年的分税制改革虽然极大地带动和刺激了地方政府税收征管积极性，使得税收全面取代利润，成为地方收入的主要形式，但与此同时，分税制条件下中央与地方财权和事权不对等、地方财政自给率较低、税收法律制度不完善等诸多遗留问题，也使得纳税实务中地方政府税收征管权的滥用屡见不鲜。陈晓光（2016）研究指出，财政压力的加大会提高政府税收征管效率，从而增加企业实际税率。王小龙和余龙（2018）得出类似结论，认为地方政府为保证财政支出的可持续性，会在财政收入风险加大的背景下，提高征税努力程度，以达到"预防性自有财力"。转移支付波动的增加对辖区内企业的实际税率具有显著正向影响。由此可见，地方政府较小的财权、过多的事权和支出责任，二者之间的不匹配会让地方政府在经济税源发生萎缩时，更倾向于增加财政收入来维持地方支出。

并且，相比于依靠中央政府的税收返还和转移支付等手段，选择税收作为缓解地方财政压力的主要手段更具现实操作性。一方面，现行转移支付制度的不规范和税收返还的时滞性，使得来自中央政府的转移支付等非自有财力波动较大，地方政府难以形成稳定预期。另一方面，中央政府的监管限制和硬预算约束，也让地方政府更倾向于通过改变征税努力程度、征管效率、提高企业实际税率来增加自有财力（黄策、张书瑶，2018；王小龙、余龙，2018）。值得强调的是，在现实中，微观企业所承担的实际税负并不完全取决于宏观层面所规定的税种和税率。在全国税制统一背景下，中国企业的实际税率差异巨大，地区间的企业税负差异仍然普遍存在（吕冰洋等，2016；汪德华、李琼，2015；Chen，2017a）。纳税实务中，地方政府虽无法调整和更改名义税率，但其在税收征管力度上较大的"自由裁量权"空间，使得其可以通过一定幅度的税收优惠政策和征税范围，实现弹性决策和更多税收收入的目的。因此，我们预计随着资本错配程度的加剧、经济税源的萎缩，地方政府为保证财政支出的可持续性，就会将"攫取之手"伸向其辖区内企业以获取更多财政收入，进而表现出企业税收负担的增加。根据以上分析提出：

假说9：在其他条件不变的情况下，资本错配会增加企业的税收负担，即资本错配与企业税负正相关。

4 资本错配、融资约束与企业创新损失的实证分析

定量评估资本错配对企业创新的影响,对于实现我国创新型国家建设的既定战略目标具有重要意义。利用中国沪深 A 股上市企业 2007—2018 年数据,本章从要素结构性配置视角系统考察资本错配对企业创新行为的影响,并就其对企业创新的传导机制予以探究,力图从资本的结构性范畴打开中国企业创新能力不强、创新质量不高的"黑匣子",补充和拓展有关创新影响因素的研究成果。

4.1 问题提出

创新作为引领发展的第一动力,在推动未来中国经济高质量增长和新一轮的全球产业变革中具有战略性和全局性影响。2016 年 5 月,中共中央、国务院印发《国家创新驱动发展战略纲要》,强调科技创新是提高社会生产力和综合国力的战略支撑,必须将其摆在国家发展全局的核心位置。2017 年 10 月,习近平总书记在党的十九大报告中进一步指出,加快建设创新型国家,深化科技体制改革。现阶段,提升本土企业创新能力已成为中国经济增长动能转换、经济结构优化、发展方式转变的必由之路。

不同于一般投资活动,企业的研发创新具有高风险、高投入、长周期和产出不确定的特点,各个阶段都需要大量资本的持续推进(刘贯春,2017;资本市场改革课题组,2019)。从基础研究到应用转换以及产业化的形成,这个过程一旦中断,即意味着高昂的调整成本和技术"闭锁效

应"的出现(Hall,2002;辜胜阻,2011)。因此,获得稳定的资本来源,尤其是外部资本的支持,对于降低企业创新风险、激发企业创新动力、保证企业创新活动具有关键作用(Hall and Lerner,2010;Liu and Jiang,2016)。然而,在中国经济实践中,资本市场改革滞后和制度安排的不完备扭曲了要素价格和金融资源配置,使得一些效率低下的企业获得了资本"输血",而投资前景较好的企业却难以获得研发创新活动的必要资本投入。例如,吴延兵(2014)、Wei等(2017)研究发现,尽管国有企业获得了更多的创新补贴,但其在创新效率和创新成果等方面的表现却明显弱于非国有企业。在制度缺失的转型经济体中,资本市场的"非生产性寻租"和"主从秩序"问题(李青原等,2013),对企业的创新资金投入产生挤出和替代效应,造成社会整体福利损失,阻碍经济健康发展(张璇等,2017)。那么,行业内企业间的资本错配对企业创新的影响到底有多大?其影响机制又如何?

事实上,随着中国经济步入新常态,前期高速增长带来的结构性问题凸显,优化要素资源配置已经成为越来越多学者们的关注焦点。大量研究表明,由要素市场改革滞后和体制扭曲所造成资源错配,是中国加总全要素生产率损失的重要原因(Hsieh and Klenow,2009;Brandt et al.,2013;龚关、胡关亮,2013;盖庆恩等,2015;简泽等,2018)。其中,在有关要素扭曲和企业创新关系方面,现有研究分别从劳动力工资扭曲(蒲艳萍、顾冉,2018)、中国金融抑制(李晓龙、冉光和,2018)、地方政府要素管制(张杰等,2011;李永等,2013)、信贷寻租(张璇等,2017)等方面展开详细论述,认为要素市场扭曲降低了中国 R&D 支出所带来的增长效应,削弱了市场的价格信号机制和要素配置功能,通过阻碍要素禀赋结构和工资成本变化,造成自主创新激励不足(Ljungwall and Tingvall,2015;李晓龙等,2018;蒲艳萍、顾冉,2018)。若消除劳动力要素和资本要素市场扭曲,中国的创新生产效率将分别提升 10.46% 和 20.55%(白俊红、卞元超,2016)。要素市场扭曲对创新绩效的抑制作用在省际层面的经验数据中也得以进一步证实(戴魁早、刘友金,2016a)。但是,姚惠泽和张梅（2018）利用中国微观企业面板数据，却发现资本价格扭曲对企业技术创新具有显著的正向影响，要素价格扭曲有利于提升企业技术创新能力。另外，在识别要素错配和创新的关系时，现有研究多借助樊纲等所构建的相关指数间接测度地区层面要素市场扭曲程度（张杰等，2011；戴魁早、刘友金，2016b），或就省际层面的创新效率予以度量（李平等，2014；李晓龙、冉光和，2018），鲜有文献关注行业内企业间资本错配对微观企业创新行为的影响及其背后的深层原因。

资本错配使得同一行业内不同企业间的资本使用成本与生产率发生持续偏离，一些生产率较低的企业能够以低于市场出清时的资本使用成本获得资本"输血"，表现出偏低的资本边际生产率；反之，一些生产率较高的企业则要以高于市场出清时的资本使用成本拿到生产投资的必要资金，表现出偏高的资本边际生产率。显然，资本相对价格的变动和企业内部要素禀赋结构的调整，会对不同企业的创新行为产生异质性影响。然而对于整个行业而言，资本错配会对创新产生何种影响？现有研究付之阙如。有鉴于此，本章基于微观上市企业数据，考察资本错配对企业创新行为的影响效应及机理，从而为理解中国企业创新能力不足、创新质量不高提供新视角。

4.2 实证研究设计

4.2.1 数据来源与数据处理

考虑到2007年新会计准则的执行，本书选取2007—2018年沪深A股上市企业作为研究样本，原始数据来源于国泰安数据库（CSMAR）。根据研究需要，按如下原则对受测样本进行筛选：①剔除ST类上市企业；②删除财务状况异常的企业样本——去掉总资产小于0的样本，去掉总资产小于固定资产、无形资产、流动资产的样本，去掉总负债小于0的样本，去掉长期负债、流动负债大于总负债的样本，去掉总资产小于总负债的样本。最终得到2007—2018年24126个样本观测值。所有数据均来自CSMAR上市企业数据库。

4.2.2 资本错配的典型事实

利用中国上市企业数据进一步测算了各行业的资本错配，对当前中国资本错配的典型事实予以描述，以期在整体上把握当前中国上市企业资本错配现状。根据 3.1.2 节的式（3-24）和式（3-26），使用 ACF 方法（Ackerberg et al.，2015），以证监会公告〔2012〕31 号《上市公司行业分类指引》行业分类标准为基础，分行业测算中国上市企业的资本错配，并对其现状予以说明，结果如表 4-1 所示。从行业层面来看，一位数行业里的水利、环境和公共设施管理业的资本错配程度最高，为 0.8698，排名第二的是综合业，为 0.4878；资本错配程度最低的为居民服务、修理和其他服务业，平均只有 0.0272，再次是住宿和餐饮业（0.0429）。采矿业的平均资本错配达到 0.2666，其排名相对靠前，资本错配程度较为严重。公共事业中，电力、热力、燃气及水生产和供应业处于相对中游水平，为 0.2061。另外，考虑到制造业行业中所含大类众多，各种类中上市企业数量较大，且不同二位数行业之间的资本错配程度差异明显，简单使用平均值估计会造成结果的有偏，因此在这里具体列出。轻工业行业中造纸和纸制品业，文教、工美、体育和娱乐用品制造业，印刷和记录媒介复制业的资本错配程度较低，分别为 0.0054，0.0469 和 0.0506；酒、饮料和精制茶制造业，纺织服装、服饰业，农副食品加工业的平均资本错配程度较高，达到 0.3122、0.2799、0.2485。其中，造纸和纸制品业在所有行业排名中资本错配程度最低。重工业行业中，有色金属冶炼和压延加工业的资本错配程度最高，达到 0.5080，其次是非金属矿物制品业（0.3036）；重工业中资本错配程度最低的黑色金属冶炼和压延加工业为 0.0285，与排名第一的有色金属冶炼和压延加工业相比，二者的资本错配程度相差 17 倍有余。由此可见上市企业不同行业层面资本错配程度的巨大差异。

表 4-1 中国上市企业分行业资本错配现状

行业名称	资本错配	行业名称	资本错配
农、林、牧、渔业	0.2352	汽车制造业	0.2226

续表

行业名称	资本错配	行业名称	资本错配
采矿业	0.2666	铁路、船舶、航空航天和其他运输设备制造业	0.1659
农副食品加工业	0.2485	电气机械和器材制造业	0.0946
食品制造业	0.0891	计算机、通信和其他电子设备制造业	0.1677
酒、饮料和精制茶制造业	0.3122	仪器仪表制造业	0.0511
纺织业	0.2051	其他制造业	0.0438
纺织服装、服饰业	0.2799	电力、热力、燃气及水生产和供应业	0.2061
家具制造业	0.0835	建筑业	0.2077
造纸和纸制品业	0.0054	批发和零售业	0.1634
印刷和记录媒介复制业	0.0506	交通运输、仓储和邮政业	0.3447
文教、工美、体育和娱乐用品制造业	0.0469	住宿和餐饮业	0.0429
石油加工、炼焦和核燃料加工业	0.1014	信息传输、软件和信息技术服务业	0.0769
化学原料和化学制品制造业	0.0746	金融业	0.2468
医药制造业	0.1949	房地产业	0.0959
化学纤维制造业	0.2397	租赁和商务服务业	0.4016
橡胶和塑料制品业	0.0643	科学研究和技术服务业	0.0726
非金属矿物制品业	0.3036	水利、环境和公共设施管理业	0.8698
黑色金属冶炼和压延加工业	0.0285	居民服务、修理和其他服务业	0.0272
有色金属冶炼和压延加工业	0.5080	教育、卫生和社会工作	0.1778
金属制品业	0.1581	文化、体育和娱乐业	0.1247
通用设备制造业	0.1426	综合业	0.4878
专用设备制造业	0.1364		

4.2.3 模型构建与变量说明

（1）模型构建

本书主要考察资本错配对企业创新以及创新扭曲的影响，基于上文假设，分别构建如下模型：

$$INN_{tfji} = \beta_0 + \beta_1 MISK_{tfj} + \beta_2 CTRL_{tfji} + \lambda_{tfji} + \delta_t + \varepsilon_{tfji} \quad (4-1)$$

$$INQ_{tfji} = \beta_0 + \beta_1 MISK_{tfj} + \beta_2 CTRL_{tfji} + \lambda_{tfji} + \delta_t + \varepsilon_{tfji} \quad (4-2)$$

$$INR_{tfji} = \beta_0 + \beta_1 MISK_{tfj} + \beta_2 CTRL_{tfji} + \lambda_{tfji} + \delta_t + \varepsilon_{tfji} \quad (4-3)$$

式（4-1）至式（4-3）分别是企业创新数量（*INN*）、创新质量（*INQ*）和创新风险（*INR*）的回归方程；t、f、j、i 分别代表年份、省份、行业和企业；*MISK* 为核心解释变量，表示资本错配；*CTRL* 为影响企业创新的其他控制变量；λ和δ分别是个体固定效应和时间固定效应，其中，企业个体固定效应用来控制企业层面不可观测变量对创新的影响，如企业文化理念等，时间固定效应用来控制宏观层面经济波动等外生冲击因素；ε为随机扰动项。

（2）变量说明

①被解释变量：企业创新，用创新数量、创新质量、创新风险三个维度衡量。其中，创新数量（*INN*），借鉴蔡卫星等（2019）、张峰等（2019）的研究，采用上市公司专利数量加1取对数来测量企业的创新。与企业专利申请数量相比，授权专利数量可以更为准确和客观地说明企业的创新产出和创新水平。同时，选取公司专利申请数量作为稳健性检验。创新质量（*INQ*），使用每百元总资产中无形资产增量占比表示。考虑到2007年新会计准则下，专利权和非专利技术是无形资产科目的主要构成，且相比于其他指标，无形资产是企业创新成果价值的直接货币化，其增量能够更为全面地反映其创新成果和质量信息（鞠晓生等，2013），因此采用无形资产增量占每百元总资产的比重衡量。创新风险（*INR*）。创新活动的不可预期和收益不确定性，要求企业具备更高的风险容忍度。事实上，由于逆向选择和道德风险引起的信息不对称，高风险往往是企业从事创新活动的重要考虑因素。参考王玉泽等（2019）的研究，如果企业本期的研发投入增长率高于其在后一期所获得的净利润的增长率，则存在创新风险，取值为1；否则为0。

②核心解释变量：行业内企业间的资本错配（*MISK*）。在 H-K 测算框架下，利用 ACF 方法（Ackerberg et al., 2015），对行业资本错配进行求解。其中，资本价格 $R = 0.10$，产品替代弹性 $\sigma = 3$。具体理论阐述和中国上市企业分行业的资本错配状况，参见第3章资本错配形成机理部分。

③控制变量。除上述核心解释变量外，本章还控制了以下企业特征变

量：企业规模（lnsize），用企业总资产规模的自然对数表示；杠杆率（Lev），用负债总额和资产总额的比率衡量；资产回报率（ROA），用净利润与总资产的比值表示；成长性（Tobin Q），用企业市值与账面价值比值表示；固定资产比率（Fix），用固定资产净额与总资产比例表示；股权集中度（Top10），用前十大股东持股比例之和表示；流动比率（Liquidity），用流动资产与流动负债比率表示；企业投资规模（Invest），用构建固定资产、无形资产和其他长期资产支付的现金在总资产中的占比表示；领导权结构（Duality），根据董事长与总经理兼任情况，如果是同一人取1，否则取0；是否为国有控股（State），如果是国有企业取值为1，否则为0；高管持股数量（Mhold），用高管持股数加1后取对数衡量。

表4-2给出了主要变量间的相关系数。其中，MISK与INN、INQ以及INR之间的Pearson相关系数分别为-0.078、-0.002和0.053，INN和INR通过1%水平的统计检验，INQ的相关系数不显著。这表明在不考虑其他因素的影响下，资本错配越严重，企业的创新数量越低，创新风险越高。该结果初步验证了前文所提出的假说，但资本错配是否以及如何影响企业创新，还需要更为严格的多元回归分析得到。

表4-2 主要变量的Pearson相关系数

变量	INN	INQ	INR	MISK	Lnsize	Lev	ROA
INQ	0.017***						
INR	0.046***	-0.006					
MISK	-0.078***	-0.002	0.053***				
lnsize	0.082***	0.054***	-0.026***	-0.018***			
Lev	-0.024***	-0.051***	0.035***	0.007	-0.062***		
ROA	-0.005	0.002	0.004	-0.001	-0.047***	0.539***	
Tobin Q	-0.005	-0.001	0.005	-0.000	-0.052***	0.528***	-0.002
Fix	0.043***	0.008	0.033***	0.001	-0.059***	0.011*	-0.001
Top10	0.246***	0.024***	0.292***	-0.016**	0.137***	-0.019***	-0.000
Liquidity	0.026***	-0.00500	-0.043***	-0.012*	-0.194***	-0.075***	-0.004
Invest	0.123***	0.054***	0.024***	-0.028***	-0.065***	-0.036***	-0.006

续表

变量	INN	INQ	INR	MISK	Lnsize	Lev	ROA
Duality	0.047***	-0.013**	-0.086***	-0.023***	-0.151***	-0.011*	-0.004
State	-0.045***	-0.0100	0.150***	0.027***	0.298***	0.012*	-0.005
Mhold	0.171***	0.018***	-0.202***	-0.054***	-0.031***	-0.062***	-0.008

变量	Tobin Q	Fix	Top10	Liquidity	Invest	Duality	State
Fix	-0.005						
Top10	-0.001	0.031***					
Liquidity	-0.002	-0.151***	0.056***				
Invest	-0.007	0.287***	0.108***	-0.004			
Duality	-0.003	-0.058***	-0.026***	0.091***	0.066***		
State	-0.008	0.148***	0.076***	-0.145***	-0.079***	-0.281***	
Mhold	-0.008	-0.106***	-0.054***	0.115***	0.105***	0.261***	-0.400***

注：***、**、*分别表示在1%、5%、10%的显著性水平下显著。

4.3 资本错配与企业创新的实证研究

为了有效识别出资本错配对企业创新的影响效应，分别构建创新数量、创新质量和创新风险三个方程，进行实证分析。首先，对企业创新的三个维度进行基准模型检验；其次，进行稳健性和内生性讨论；最后，根据板块属性、行业属性以及所有权性质，分别进行异质性分析。

4.3.1 基准模型

表4-3报告了资本错配对企业创新的基准回归结果。可以看到，无论是否加入控制变量，资本错配均显著降低了企业的创新数量和创新质量，并提高了企业的创新风险。从具体数值来看，资本错配每提高0.1个单位，企业创新数量降低0.4个百分点，创新质量降低0.969个百分点，同时，创新风险的可能性提高0.611%。资本错配的加剧，意味着同一行业内不同企业的资本使用成本差距进一步增加，资本扭曲的离散程度变大，企业间的资本边际收益产品（MRPK）产生分化。在资本有限且稀缺的情况下，资本跨企业的错配让一部分企业能够以低于市场出清时的资本使用成本得到银行贷款，较多地使用资本，以保证创新的不断投入，但同时也增加了

这些企业进行非生产性的寻租或寻利活动的可能性，从而挤出创新；而对于那些要以高于市场出清时的资本使用成本才能得到银行贷款的企业而言，资本使用成本的增加意味着企业融资约束的进一步提高、创新成本和创新风险的积聚，这会降低企业的创新意愿和动力，造成企业创新乏力。根据本书的回归结果，资本错配总体上阻碍了企业的创新，对创新表现为显著的"挤出效应"，不仅抑制了企业创新数量的增长，而且损害了企业创新质量的提高，加剧了企业所面临的创新风险。

然而，由于理论上资本错配所造成的"挤出"效应和"激励"效应同时存在，本书无法根据上述基准模型总体检验结果来确定这种影响究竟是哪种因素导致。为了更加准确地判断资本错配影响企业创新的路径，本书会在后面的章节中进行进一步的机制检验。

控制变量中，企业规模（$lnsize$）能够显著降低企业创新风险，凭借突出的资金、管理、技术和人才等优势，大企业能够为其创新活动提供持续稳定的多方面支持和保障，有效控制和降低企业在创新活动中所面临的不确定性，降低创新风险。杠杆率（Lev）的持续提升则会加剧企业的财务风险，将企业困于资不抵债的陷阱，抑制企业创新活动，提高创新风险。随着固定资产比率（Fix）的提高，企业的创新风险减小，一般而言，固定资产比率较高的企业，其可用于抵押的资产也较多，有利于企业银行贷款，以保证创新活动的持续投入。成长机会（$Tobin\ Q$）的回归系数在创新风险方程中显著为负，说明企业股票市值的过快增长会造成企业创新风险的积累。由于流动资金是研发投入的重要来源，流动比率（$Liquidity$）的提升有利于企业创新数量的提高。企业投资规模（$Invest$）体现了企业在固定资产、无形资产和其他长期资产上的投入，其在提高创新数量和创新质量的同时，也增加了企业的创新风险。此外，股权集中度（$Top10$）、领导权结构（$Duality$）和高管持股数量（$Mhold$）等企业治理层面的变量均在不同程度上促进了企业创新数量或创新质量的提高，降低了企业创新风险，这说明良好的公司治理会提高企业的创新能力，并对企业创新风险产生平滑作用。

表4-3 资本错配对企业创新的基准回归结果

变量	(1) INN	(2) INN	(3) INQ	(4) INQ	(5) INR	(6) INR
MISK	-0.0425*** (-4.29)	-0.0400*** (-4.04)	-0.1298*** (-2.61)	-0.0969** (-2.00)	0.0769*** (5.65)	0.0611*** (4.66)
Lnsize		0.0171 (1.57)		3.0451 (1.59)		0.0231** (2.17)
Lev		-0.0017 (-0.31)		-0.7453 (-0.84)		0.6338*** (9.59)
ROA		0.0000 (0.41)		0.0054 (0.91)		-0.0037 (-1.44)
Tobin Q		0.0000 (0.29)		0.0024 (0.91)		0.0462*** (7.34)
Fix		0.0920 (1.31)		2.8810 (1.00)		-0.4990*** (-6.95)
Top10		0.0011** (2.52)		0.0149* (1.84)		-0.0018** (-2.40)
Liquidity		0.0036* (1.92)		-0.0043 (-0.11)		0.0032 (0.97)
Invest		0.4565*** (3.20)		7.4295** (2.38)		0.4847** (2.04)
Duality		0.0507** (2.52)		-0.8152 (-1.29)		-0.0406 (-1.55)
State		0.0682 (1.62)		-5.4712 (-1.19)		0.0749*** (2.79)
Mhold		0.0036** (2.34)		0.0106 (0.50)		-0.0157*** (-9.41)
C	1.0454*** (46.64)	0.6385*** (4.66)	-0.1824 (-0.16)	-35.9724 (-1.59)	2.1471*** (25.04)	1.7476*** (11.56)
N	24126	24126	24126	24126	20943	20943
R^2	0.2461	0.2476	0.0005	0.0309		

注：***、**、*分别表示统计值在1%、5%、10%的显著性水平下显著，括号内数值为 t 统计量。

4.3.2 稳健性检验

为保证研究结论的严谨性和可靠性，本书进行一系列稳健性检验：①鉴于财务结构以及行业差异，剔除金融保险类上市企业和房地产企业，进行稳健性检验。②考虑到极端异常值对回归结果的影响，对所有主要变量进行上下1%的缩尾处理（Winsorize）之后进行回归。③改变因变量创新数量、创新质量和创新风险的衡量方式，借鉴黎文靖和郑曼妮（2016）、虞义华等（2018）、王玉泽等（2019）的研究，分别使用公司专利申请数取对数、无形资产净额与总资产的比值作为创新数量、创新质量的指标；将基准模型中的净利润换为利润总额，采用替代变量的方式进行稳健性检验。从表4-4和表4-5的结果来看，资本错配对创新数量和创新质量的回归系数依然显著为负，对创新风险的系数显著为正，说明本书的结论具有较好的稳健性，不会随外部条件的变化而发生根本性改变。

表4-4 稳健性检验（1）

变量	(1) 剔除行业 *INN*	(2) 剔除行业 *INQ*	(3) 剔除行业 *INR*	(4) winsor *INN*	(5) winsor *INQ*	(6) winsor *INR*
MISK	-0.0413*** (-4.06)	-0.0965** (-2.19)	0.0711*** (5.28)	-0.0391*** (-4.00)	-0.0464** (-2.06)	0.0659*** (5.11)
lnsize	0.0210 (1.64)	1.2103*** (5.48)	-0.0099 (-0.84)	0.0060 (0.48)	0.4068*** (13.99)	0.0582*** (5.16)
Lev	-0.0015 (-0.26)	0.0508* (1.87)	0.5125*** (7.67)	-0.1526*** (-2.62)	-0.2993** (-2.23)	0.5557*** (7.26)
ROA	0.0000 (0.41)	-0.0000 (-0.31)	-0.0030 (-0.32)	-0.0618 (-0.55)	1.2058*** (4.69)	-0.7424*** (-3.36)
Tobin Q	0.0000 (0.28)	-0.0000 (-0.12)	0.0456*** (7.08)	-0.0170*** (-3.68)	0.0098 (0.93)	0.0485*** (7.00)
Fix	0.0483 (0.65)	-0.4086 (-0.48)	-0.1916** (-2.55)	0.1118 (1.54)	-0.0773 (-0.46)	-0.4218*** (-5.74)
Top10	0.0008* (1.71)	0.0077** (2.56)	-0.0018** (-2.38)	0.0011** (2.44)	0.0054*** (5.18)	-0.0056*** (-7.66)

续表

变量	(1) 剔除行业 INN	(2) 剔除行业 INQ	(3) 剔除行业 INR	(4) winsor INN	(5) winsor INQ	(6) winsor INR
Liquidity	0.0030 (1.53)	-0.0410 (-1.61)	0.0016 (0.51)	0.0097** (2.24)	-0.0584*** (-5.86)	-0.0102* (-1.83)
Invest	0.3355** (2.24)	9.1392*** (3.69)	0.8338*** (3.44)	0.6255*** (4.09)	8.7955*** (25.05)	0.0588 (0.24)
Duality	0.0452** (2.10)	-0.1886 (-1.10)	-0.0456* (-1.72)	0.0485** (2.45)	0.0211 (0.46)	-0.0411 (-1.62)
State	0.0686 (1.47)	-0.5548 (-1.62)	0.0938*** (3.36)	0.0649 (1.56)	-0.0817 (-0.85)	0.0907*** (3.46)
Mhold	0.0031* (1.87)	-0.0148* (-1.78)	-0.0129*** (-7.49)	0.0035** (2.30)	-0.0056 (-1.61)	-0.0185*** (-11.38)
C	0.7085*** (4.50)	-13.8126*** (-5.29)	2.0886*** (12.69)	0.8409*** (5.32)	-4.6676*** (-12.85)	1.2536*** (8.57)
N	22119	22119	19142	24126	24126	20943
R^2	0.2648	0.0326		0.2508	0.0615	

注：同表 4-2。

表 4-5 稳健性检验（2）

变量	(1) 替换变量 INN	(2) 替换变量 INQ	(3) 替换变量 INR	(4) 替换变量 INN	(5) 替换变量 INQ	(6) 替换变量 INR
MISK	-0.0341*** (-3.31)	-0.0323*** (-3.13)	-0.1778*** (-3.77)	-0.1815*** (-3.87)	0.0798*** (6.19)	0.0596*** (4.83)
lnsize		0.0225** (1.98)		-0.2124*** (-4.10)		0.0639*** (6.06)
Lev		0.0002 (0.03)		0.1069*** (4.09)		0.6567*** (10.37)
ROA		0.0000 (0.25)		-0.0007*** (-3.20)		-0.0039* (-1.80)

续表

变量	(1) 替换变量 INN	(2) 替换变量 INQ	(3) 替换变量 INR	(4) 替换变量 INN	(5) 替换变量 INQ	(6) 替换变量 INR
Tobin Q		0.0000 (0.14)		-0.0003*** (-3.13)		0.0437*** (7.31)
Fix		0.1958*** (2.68)		2.5249*** (7.58)		-0.3448*** (-4.89)
Top10		0.0003 (0.63)		-0.0071*** (-3.29)		-0.0061*** (-8.41)
Liquidity		0.0021 (1.08)		-0.0682*** (-7.61)		-0.0022 (-0.87)
Invest		0.4556*** (3.07)		5.7928*** (8.57)		0.1207 (0.53)
Duality		0.0385* (1.84)		-0.3063*** (-3.22)		-0.0362 (-1.42)
State		0.0874** (1.99)		-0.2267 (-1.14)		0.0865*** (3.29)
Mhold		0.0043*** (2.71)		-0.0131* (-1.82)		-0.0179*** (-11.06)
C	1.1411*** (48.99)	0.6827*** (4.79)	5.2455*** (49.18)	7.5129*** (11.58)	1.8697*** (27.64)	1.2185*** (8.66)
N	24126	24126	24126	24126	20943	20943
R^2	0.2834	0.2847	0.0022	0.0151		

注：同表4-2。

4.3.3 内生性讨论

本书结论最受质疑的地方可能在于，资本错配与企业创新行为之间存在双向因果关系，即一方面，资本错配会改变行业内企业的创新决策及其创新风险；另一方面，企业创新效率的提升亦有可能降低资本要素市场的错配程度。这意味着，本书得出的结论可能存在内生性偏误。为排除这一因素的干扰，首先，借鉴 Acemoglu 等（2003）、杜勇等（2019）的做法，选取资本错配的滞后一期作为其工具变量。从一定程度上说，当期的资本错配与滞后一期的资本错配密切相关，是当期资本错配的"历史变量"，同时又不直接影响当期的企业创新行为。而且，假使存在反向因果关系，企业当期的创新行为对资本错配的影响也更多表现在本期，对上一期的资本错配来说影响相对较弱。表4-6汇报了利用滞后一期作为资本错配工具变量的两阶段最小二乘法（2SLS）的回归结果。根据第一阶段回归结果，所选工具变量不存在识别不足和弱识别，表明工具变量有效。根据第二阶段回归结果，$MISK$ 对 INN、INQ 的回归系数仍显著为负，对 INR 的回归系数显著为正，说明资本错配明显抑制了企业创新数量和创新质量的提高，并加剧了企业的创新风险，内生性问题对本书的研究结论影响微弱。

表4-6 利用滞后一期作为资本错配工具变量的回归结果

变量	(1) $MISK$ 第一阶段	(2) INN 第二阶段	(3) INQ 第二阶段	(4) $MISK$ 第一阶段	(5) INR 第二阶段
$MISK$		-0.1644*** (-5.38)	-0.4088*** (-3.95)		0.0654*** (4.84)
$L.MISK$	0.3168*** (49.66)			0.8721*** (237.98)	
$lnsize$	0.0047 (0.65)	0.0174 (1.59)	3.0459*** (19.62)	0.0021 (0.66)	0.0571*** (5.46)
Lev	0.0024 (0.67)	-0.0013 (-0.24)	-0.7443*** (-9.51)	0.0003 (0.10)	0.6233*** (9.91)
ROA	-0.0001*** (-2.59)	0.0000 (0.37)	0.0054*** (7.73)	-0.0002*** (-6.04)	-0.0037** (-1.98)
$Tobin\ Q$	-0.0000 (-0.28)	0.0000 (0.26)	0.0024*** (7.41)	-0.0000 (-0.00)	0.0403*** (6.84)
Fix	-0.0194 (-0.42)	0.0895 (1.27)	2.8747*** (2.88)	0.0078 (0.29)	-0.3497*** (-4.97)
$Top10$	-0.0012*** (-4.11)	0.0010** (2.13)	0.0144** (2.23)	-0.0005* (-1.95)	-0.0060*** (-8.25)

续表

变量	(1) MISK 第一阶段	(2) INN 第二阶段	(3) INQ 第二阶段	(4) MISK 第一阶段	(5) INR 第二阶段
Liquidity	-0.0017 (-1.38)	0.0034* (1.80)	-0.0048 (-0.18)	0.0015 (1.43)	-0.0023 (-0.89)
Invest	-0.2543*** (-2.69)	0.4113*** (2.86)	7.3162*** (3.60)	-0.0974 (-1.14)	0.0308 (0.14)
Duality	-0.0043 (-0.32)	0.0505** (2.51)	-0.8156*** (-2.86)	0.0059 (0.56)	-0.0389 (-1.54)
State	-0.0387 (-1.39)	0.0610 (1.44)	-5.4892*** (-9.17)	-0.0007 (-0.07)	0.0916*** (3.50)
Mhold	-0.0011 (-1.11)	0.0034** (2.20)	0.0101 (0.47)	0.0001 (0.11)	-0.0186*** (-11.51)
C				0.0032 (0.08)	1.2054*** (8.80)
识别不足检验		2207.99 (0.00)	2207.99 (0.00)		
弱工具变量检验		2466.23 (0.00)	2466.23 (0.00)		
外生性的Wald检验					21.86 (0.00)
N	23768	23768	23768	20943	20943
R^2		0.2420	0.0306		

注：第一阶段括号中数值是 t 统计量，第二阶段括号中数值是 z 统计量。识别不足检验（Underidentification Test）的原假设是，认为存在识别不足问题（即工具变量与内生解释变量无关），如果在10%以下显著性水平拒绝原假设，说明选取的工具变量与内生解释变量存在相关关系，但不能确定是否存在弱工具变量的问题。弱工具变量检验（Weak Identification Test）的原假设是，工具变量与内生解释变量有较强相关关系；如果拒绝原假设，就可认为选取的工具变量与内生解释变量有较高的相关性。在本文的具体实践中，识别不足检验和弱工具变量检验分别使用 Anderson canon. corr. LM statistic 统计量进行检验。

其次，利用该企业所在同一行业内其他企业的资本扭曲计算资本错配，作为核心解释变量的工具变量（Kim et al.，2016；彭俞超等，2018）。

因为同行业其他企业的资本错配平均值与该企业的资本错配水平相关，但并不直接影响该企业的创新行为，这一构建策略可以看作将影响该企业创新中相对外生的部分"剥离"出来。同样的，第一阶段回归中，MISKOTH 的回归系数在1%的水平上显著为正，并通过"识别不足"和"弱工具变量"检验，第二阶段回归中核心解释变量的符号并未发生显著变化，说明本文结论较为可靠（见表4-7）。

表4-7 利用其他企业的资本错配作为工具变量的回归结果

变量	(1) MISK 第一阶段	(2) INN 第二阶段	(3) INQ 第二阶段	(4) MISK 第一阶段	(5) INR 第二阶段
MISK		-0.0344*** (-3.04)	-0.1346* (-1.84)		0.0586*** (4.67)
MISKOTH	0.8295*** (310.69)			0.9292*** (499.50)	
lnsize	-0.0118*** (-3.74)	0.0169 (1.53)	3.0945*** (19.58)	-0.0068*** (-4.07)	0.0138 (1.16)
Lev	0.0015 (0.93)	-0.0017 (-0.31)	-0.7418*** (-9.40)	0.0034* (1.78)	0.6810*** (10.20)
ROA	-0.0000 (-0.25)	0.0000 (0.41)	0.0054*** (7.66)	-0.0000 (-0.84)	-0.0725*** (-3.79)
Tobin Q	-0.0000 (-0.45)	0.0000 (0.29)	0.0024*** (7.35)	-0.0000 (-1.03)	0.0544*** (7.91)
Fix	-0.0629*** (-3.10)	0.0980 (1.38)	3.0226*** (2.97)	-0.0662*** (-4.66)	-0.3676*** (-5.23)
Top10	-0.0003** (-2.45)	0.0012*** (2.59)	0.0151** (2.30)	-0.0005*** (-3.43)	-0.0023*** (-3.24)
Liquidity	0.0034*** (6.11)	0.0033* (1.73)	0.0001 (0.00)	0.0026*** (4.55)	0.0013 (0.38)
Invest	-0.1196*** (-2.90)	0.4852*** (3.35)	7.6243*** (3.69)	-0.0594 (-1.30)	0.0828 (0.36)

续表

变量	(1) $MISK$ 第一阶段	(2) INN 第二阶段	(3) INQ 第二阶段	(4) $MISK$ 第一阶段	(5) INR 第二阶段
$Duality$	-0.0072 (-1.25)	0.0533*** (2.62)	-0.8432*** (-2.91)	-0.0126** (-2.26)	-0.0097 (-0.38)
$State$	-0.0324*** (-2.66)	0.0704* (1.65)	-5.6001*** (-9.18)	-0.0031 (-0.58)	0.1156*** (4.22)
$Mhold$	-0.0002 (-0.52)	0.0030** (1.97)	0.0103 (0.47)	-0.0011*** (-3.26)	-0.0158*** (-9.24)
识别不足检验		1.7e+04 (0.00)	1.7e+04 (0.00)		
弱工具变量检验		9.7e+04 (0.00)	9.7e+04 (0.00)		
外生性的Wald检验					
N	23374	23374	23374	20585	
R^2		0.2483	0.0312		

注：同表4-2。

4.3.4 异质性研究

（1）按照上市板块分组的实证结果

经过多年的发展，中国已形成了沪深主板、中小板和创业板等组成的多层次资本市场，各层次市场中上市企业特征也存在较为明显的差异。一般来说，主板多为大型成熟企业，创业板和中小板多为规模较小的高新技术企业。按照企业所属板块的不同，将其分为主板上市企业、中小板和创业板上市企业[①]分别进行估计，回归结果如表4-8所示。可以发现，主板上市企业创新数量、创新质量的回归系数至少在5%的水平上显著为负，创新风险在5%的水平上显著为正，也就是说，资本错配抑制了主板上市企业

---

① 由于中小板和创业板的回归结果无差异，均是对创新数量和创新质量不显著，创新风险显著为正，故将二者合并。

的创新行为，并加剧了其所面临的创新风险，资本错配每提高 0.1 个单位，主板上市企业创新数量降低 0.357%，创新质量降低 1.587%，创新风险的概率提升 0.372%。不同于资本错配对主板企业的影响，中小板和创业板上市企业的创新数量和创新质量系数并不显著，但创新风险的回归系数在 1% 的水平上显著为正，即资本错配加剧了中小板和创业板上市企业的创新风险，资本错配每提高 0.1 个单位，这些企业的创新风险提高 0.588%。

表 4-8 分板块的异质性研究

变量	主板上市企业	主板上市企业	主板上市企业	中小板和创业板上市企业	中小板和创业板上市企业	中小板和创业板上市企业
	INN	*INQ*	*INR*	*INN*	*INQ*	*INR*
MISK	-0.0357*** (-2.78)	-0.1587** (-2.02)	0.0372** (2.25)	-0.0143 (-0.92)	-0.0016 (-0.04)	0.0588*** (2.86)
lnsize	0.0438*** (3.73)	3.6569 (1.54)	0.0034 (0.26)	0.0475 (1.62)	0.5802*** (4.48)	0.0802*** (3.48)
Lev	0.0019 (0.36)	-0.6947 (-0.81)	0.4702*** (5.58)	-0.2540** (-2.50)	-0.3788 (-0.76)	0.4936*** (4.32)
ROA	0.0000 (0.13)	0.0053 (0.90)	-0.0028* (-1.67)	-0.1638 (-1.43)	1.5252* (1.78)	-0.5622* (-1.85)
Tobin Q	0.0000 (0.04)	0.0023 (0.90)	0.0357*** (4.14)	-0.0203*** (-2.89)	-0.0245 (-0.86)	0.0304*** (3.38)
Fix	0.0216 (0.27)	2.9650 (0.92)	-0.3320*** (-3.68)	0.2225 (1.55)	0.0140 (0.03)	-0.5063*** (-3.97)
*Top*10	-0.0017*** (-2.96)	0.0105 (1.28)	-0.0017* (-1.69)	-0.0009 (-1.00)	0.0049** (2.04)	-0.0012 (-1.00)
Liquidity	0.0010 (0.37)	0.0269 (0.32)	-0.0041 (-0.73)	-0.0020 (-0.73)	-0.0406*** (-2.79)	0.0017 (0.52)
Invest	0.2223 (1.23)	4.4608 (0.76)	-0.0114 (-0.03)	0.3123 (1.33)	9.6408*** (5.25)	1.1475*** (3.69)
Duality	0.0562** (2.24)	-1.4803 (-1.42)	-0.0203 (-0.48)	0.0148 (0.45)	0.1272 (0.99)	-0.0369 (-1.13)

续表

变量	主板上市企业	主板上市企业	主板上市企业	中小板和创业板上市企业	中小板和创业板上市企业	中小板和创业板上市企业
	INN	INQ	INR	INN	INQ	INR
State	0.0937** (2.22)	-6.2316 (-1.19)	-0.0623* (-1.82)	0.0522 (0.39)	0.0190 (0.04)	0.0845* (1.68)
Mhold	0.0031* (1.72)	0.0195 (0.55)	-0.0176*** (-7.29)	0.0003 (0.12)	-0.0062 (-0.78)	-0.0037 (-1.49)
C	0.2448 (1.64)	-43.1182 (-1.55)	1.8181*** (10.72)	0.9925*** (2.88)	-6.5562*** (-4.67)	0.5405* (1.80)
N	14981	14981	13247	9145	9145	7696
R^2	0.1675	0.0342		0.3660	0.0631	

注：同表4-2。

(2) 按照要素密集度进行行业分组和所有制分组的实证结果

不少研究文献认为，企业所属行业性质的不同会造成企业创新活动的差异，毋庸置疑，在要素密集度不同的行业中，创新的重要性及其特征也会有所差别。以证监会公告〔2012〕31号《上市公司行业分类指引》行业分类标准为基础，借鉴鲁桐和党印（2014）、肖忠意和林琳（2019）的行业分类方法，在剔除金融行业后，根据上市企业所属行业将其进一步归类为劳动密集型、资本密集型和技术密集型企业①，考察不同要素密集度分组下资本错配对上市企业创新数量、创新质量和创新风险的影响（见表4-9、表4-10、表4-11）。对于劳动密集型上市企业而言，三个维度创新的回归系数均不显著；对于资本密集型和技术密集型上市企业来说，资本错配显著降低了这些行业企业的创新数量，提高了创新风险，且这一

---

① 其中，劳动密集型行业包括：农、林、牧、渔业，采矿业，食品饮料，纺织和服装，皮毛，木材，家具制造业，电力、热力、燃气及水生产和供应业，建筑业，批发和零售业，交通运输、仓储和邮政业，住宿和餐饮业，教育，卫生和社会工作，居民服务、修理和其他服务业，综合业等；资本密集型行业包括：造纸，印刷，石油，化学，橡胶和塑料，金属、非金属，房地产业，租赁和商业服务业，水利、环境和公共设施管理业，文化、体育与娱乐业等；技术密集型行业包括：化学原料及化学制品制造业，医药制造业，机械、设备、仪器仪表，通信，电子，其他制造业，科学研究和技术服务业等。

负向影响对技术密集型行业的上市企业尤为突出。这与我们的认知相一致,从行业特点来看,劳动、资本和技术密集型企业对技术创新的依赖程度呈依次递增模式,相比于劳动密集型企业更多依靠成本优势而非技术优势,资本错配程度的加剧会让资本和技术密集型企业的研发创新活动面临更多的不确定性,在整体上提高企业的创新成本,加大企业的创新风险,导致创新产出的降低和创新活动的减少。

表 4-9 创新数量的异质性研究:分行业类型和分所有制

变量	劳动密集型	资本密集型	技术密集型	国有企业	民营企业	外资企业
MISK	-0.0130 (-1.22)	-0.0541*** (-3.38)	-0.2558* (-1.88)	-0.0520*** (-3.15)	-0.0276** (-2.07)	-0.0250 (-1.01)
lnsize	0.0140 (0.73)	0.0044 (0.24)	0.0314 (1.45)	0.0462** (2.25)	-0.0002 (-0.01)	0.1594*** (3.23)
Lev	0.0063 (0.58)	-0.0063 (-0.60)	-0.0049 (-0.52)	-0.0829 (-1.25)	-0.0095 (-1.44)	0.0095 (0.20)
ROA	-0.0184 (-0.62)	0.0000 (0.60)	-0.0204 (-0.60)	-0.0701 (-1.40)	-0.0053 (-0.71)	-0.0000 (-0.09)
Tobin Q	-0.0024 (-1.02)	0.0000 (0.56)	-0.0100*** (-2.93)	-0.0198*** (-2.90)	-0.0010 (-1.07)	-0.0000 (-0.11)
Fix	0.1059 (0.99)	0.4781*** (3.52)	-0.1532 (-1.28)	0.1551 (1.42)	0.0133 (0.12)	0.1648 (0.55)
Top10	-0.0011 (-1.44)	0.0002 (0.22)	0.0003 (0.36)	-0.0020*** (-2.62)	0.0009 (1.35)	0.0047*** (2.91)
Liquidity	0.0056 (1.32)	0.0002 (0.06)	0.0017 (0.52)	-0.0044 (-0.71)	0.0021 (0.98)	0.0052 (0.86)
Invest	0.3165 (1.40)	1.2552*** (4.60)	-0.0373 (-0.16)	0.0592 (0.25)	0.6355*** (3.24)	1.2174** (2.10)
Duality	-0.0169 (-0.49)	0.0476 (1.20)	0.0632** (2.04)	0.0991*** (2.72)	0.0023 (0.08)	0.1282* (1.74)
State	0.1262* (1.70)	0.0851 (1.13)	0.0181 (0.26)	.	-0.1959 (-0.31)	-0.4272 (-0.80)
Mhold	0.0002 (0.08)	0.0076*** (2.62)	0.0040* (1.66)	0.0014 (0.52)	0.0088*** (4.12)	-0.0153*** (-2.69)

续表

变量	劳动密集型	资本密集型	技术密集型	国有企业	民营企业	外资企业
C	0.2917 (1.23)	0.4652** (2.00)	1.1243*** (4.21)	0.4248 (1.56)	1.0238*** (4.80)	-1.1534* (-1.84)
N	6574	5477	11410	10135	12618	1757
R^2	0.1224	0.2012	0.3534	0.1862	0.3012	0.2676

注：同表 4-2。

表 4-10　创新质量的异质性研究：分行业类型和分所有制

变量	劳动密集型	资本密集型	技术密集型	国有企业	民营企业	外资企业
MISK	-0.0817 (-0.93)	-0.0660 (-0.54)	0.0260 (0.06)	-0.0889* (-1.71)	-0.0863* (-1.71)	-0.0331 (-0.41)
lnsize	1.0584*** (6.74)	7.8730 (1.37)	0.5781*** (5.36)	1.6745*** (6.11)	0.7718*** (5.36)	0.9018** (2.14)
Lev	0.0484 (0.54)	-3.3918 (-0.82)	-0.0018 (-0.04)	-5.5188*** (-3.17)	-0.0593 (-1.17)	0.0966 (0.76)
ROA	-0.0555 (-0.23)	0.0227 (0.87)	-0.1049 (-0.40)	-10.8135** (-2.22)	-0.3349*** (-3.16)	-0.0003 (-0.44)
Tobin Q	0.0027 (0.14)	0.0101 (0.87)	-0.0322 (-0.95)	0.1230** (2.41)	-0.0012 (-0.20)	-0.0002 (-0.64)
Fix	-3.5815*** (-4.05)	16.9777 (1.34)	-0.6400 (-1.06)	0.0672 (0.06)	-1.1155 (-1.59)	-5.7418 (-1.54)
Top10	0.0041 (0.67)	0.0310 (1.33)	0.0072*** (3.12)	-0.0006 (-0.16)	0.0091** (2.42)	-0.0056 (-0.56)
Liquidity	-0.2062*** (-5.91)	0.1111 (0.93)	-0.0290** (-2.39)	-0.0889** (-2.21)	-0.0557* (-1.85)	-0.0772** (-2.44)
Invest	14.4709*** (7.78)	-4.7627 (-0.40)	9.8062*** (5.54)	10.8054*** (2.78)	9.1735*** (5.35)	15.2659 (1.41)
Duality	-0.2584 (-0.91)	-3.4881 (-1.25)	0.0469 (0.39)	0.0297 (0.19)	-0.0284 (-0.16)	-1.1128 (-1.13)
State	-1.4720** (-2.40)	-16.3103 (-1.14)	-0.2050 (-0.72)	.	3.0385 (1.17)	-3.9186*** (-7.44)
Mhold	0.0027 (0.13)	0.0430 (0.44)	-0.0015 (-0.17)	-0.0239* (-1.74)	-0.0129 (-1.36)	0.0315 (1.24)

续表

变量	劳动密集型	资本密集型	技术密集型	国有企业	民营企业	外资企业
C	-10.3351***	-96.5107	-6.5325***	-17.7298***	-8.2092***	-11.1937*
	(-5.29)	(-1.39)	(-5.36)	(-5.94)	(-5.14)	(-1.90)
N	6574	5477	11410	10135	12618	1757
R^2	0.0361	0.0877	0.0485	0.2047	0.0386	0.0515

注：同表4-2。

表4-11 创新风险的异质性研究：分行业类型和分所有制

变量	劳动密集型	资本密集型	技术密集型	国有企业	民营企业	外资企业
$MISK$	0.0094	0.0654*	0.2465*	0.1041***	0.0578***	0.0441
	(0.70)	(1.72)	(1.84)	(3.83)	(3.62)	(1.26)
$lnsize$	-0.0281	0.0192	0.0480***	0.0362**	0.0487***	0.0570
	(-1.28)	(0.75)	(2.96)	(2.37)	(2.88)	(1.47)
Lev	0.3109**	0.9069***	0.5923***	0.3333***	0.6974***	1.3571***
	(2.41)	(6.13)	(6.65)	(3.21)	(8.10)	(5.18)
ROA	-0.0305	0.0028	-0.0727	0.0352	-0.0607	-0.0081***
	(-0.19)	(0.02)	(-1.01)	(0.31)	(-1.11)	(-2.75)
$Tobin\ Q$	0.0306**	0.0419**	0.0459***	0.0098	0.0478***	0.0530**
	(2.43)	(2.51)	(5.84)	(0.92)	(6.42)	(2.45)
Fix	0.3277**	-1.4067***	-0.2158*	-0.2484**	-0.5498***	-0.5762**
	(2.35)	(-9.93)	(-1.90)	(-2.44)	(-5.07)	(-2.14)
$Top10$	-0.0077***	-0.0072***	-0.0051***	-0.0034***	-0.0071***	-0.0061**
	(-5.00)	(-4.42)	(-4.99)	(-2.67)	(-7.24)	(-2.45)
$Liquidity$	-0.0024	-0.0030	-0.0021	-0.0204**	0.0014	0.0009
	(-0.31)	(-0.62)	(-0.59)	(-2.40)	(0.48)	(0.11)
$Invest$	0.4098	0.7387	0.1024	-0.2088	0.2551	1.7336*
	(0.82)	(1.44)	(0.33)	(-0.51)	(0.89)	(1.90)
$Duality$	0.0702	-0.1153**	-0.0546*	-0.0304	-0.0414	0.0677
	(1.18)	(-1.97)	(-1.66)	(-0.53)	(-1.41)	(0.71)
$State$	0.1154**	0.1748***	0.0247			0.5444
	(2.16)	(3.02)	(0.66)			(1.29)
$Mhold$	-0.0224***	-0.0249***	-0.0086***	-0.0121***	-0.0211***	-0.0231***
	(-6.51)	(-6.80)	(-3.82)	(-4.13)	(-9.93)	(-3.89)

续表

变量	劳动密集型	资本密集型	技术密集型	国有企业	民营企业	外资企业
C	2.5678*** (8.99)	1.8553*** (5.86)	1.0402*** (4.85)	1.5435*** (7.73)	1.3382*** (6.01)	1.4150** (2.35)
N	5809	4805	9748	9151	10609	1482

注：同表4-2。

（3）按照所有制分组的实证结果

在中国，行政垄断下的所有制差异被认为是生产要素无法按照市场机制实现最优配置的重要因素之一（Wu，2018；简泽等，2018）。那么，资本错配对不同所有制类型企业创新活动的影响是否存在差异？根据产权性质的分样本回归（见表4-9、表4-10和表4-11）结果，资本错配对企业创新活动的负面影响在国有和民营企业中尤为明显，在外资企业中不显著。资本错配使得国有和民营企业的创新数量、创新质量显著降低，创新风险急剧增加。相比于外资企业更加多元化的融资渠道，其他企业更多依靠成本优势而非技术优势的特性，资本错配使得国内多数企业的整体生存和营商环境变得更加恶劣，创新激励不足。对于资本使用成本偏高的企业而言，减少创新投入，较少地使用资本成为企业当下的最优选择，否则其将面临更高的创新成本和创新风险；对于资本使用成本偏低的企业来说，利用转轨经济体尚未健全的市场机制，进行"寻租"和非生产性创新活动的动机进一步增强，创新激励减少，进而抑制企业创新。

4.4 基于融资约束的机制研究：国有经济与非国有经济的对比分析

上文已经得到了资本错配抑制企业创新数量和创新质量，提高创新风险的经验证据，本部分重点分析资本错配影响企业创新的作用机制。从理论上讲，资本跨企业的错配意味着同一行业内不同企业的资本使用成本"不平等性"的增大以及企业间资本边际收益产品（MRPK）的分化。虽然资本错配让一部分低效率企业以低于市场出清时的资本使用成本获得了银行贷款，拥有更多的资本进行创新活动。但值得注意的是，在资本有限

4 资本错配、融资约束与企业创新损失的实证分析

且稀缺的情况下,这种依靠非市场化的配置行为也在一定程度上引致了资本市场供求的失衡与扭曲,阻碍了创新资本按照市场规律流入边际收益最高生产部门,造成创新损失。而且,对于制度建设尚不完善的中国来说,资本错配还有可能增加这些企业的非生产性寻租或寻利活动,挤出创新(Boldrin and Levine,2004;张璇等,2017)。另外,对于其他资本使用成本较高的高效率企业来说,资本使用成本的增加往往意味着创新项目难以获得充足的资金支持,企业所面临的融资约束更为严重。那么,资本错配是否会通过改变企业所面临的融资约束而影响企业创新行为?本书拟借助中介效应模型进行检验。参考 Hadlock 和 Pierce(2010)的研究,使用 SA[①] 指数作为融资约束的度量指标。原因在于 SA 指数不含有内生性变量,能够有效避免 KZ 指数、WW 指数以及现金流敏感系数等数据判别的主观性和测度偏误,可以在中国情境研究中广泛应用(吴秋生、黄贤环,2017;孙雪娇等,2019)。

4.4.1 融资约束对企业创新数量的中介效应分析

资本错配对企业创新数量的直接影响及通过融资约束产生的中介效应如表 4-12 所示。列(1)和列(2)是对整体样本的回归,列(3)和列(4)是对国有企业的回归,列(5)和列(6)是对民营企业的回归。可以看出,整体上,资本错配对企业融资约束的影响系数在 10% 的水平上显著为负,表明资本错配在一定程度上有利于降低企业所面临的融资约束。同时,列(2)中,资本错配与融资约束的回归系数均显著为负,说明存在部分中介效应。虽然资本错配缓解了企业的融资约束,融资约束的降低有利于企业创新数量的增加,但这一缓解作用并不能抵消其总体上对企业创新数量的负面影响,即资本错配通过融资约束的遮掩效应降低了其对总体企业创新数量的负面影响。分所有制的估计结果表明,资本错配对不同

---

① SA 指数的具体构建方法为:$SA = -0.737 \times size + 0.043 \times size^2 - 0.04 \times age$,其中 $size = \log(企业资产总额/1000000)$,资产总额单位为元,age 为公司年龄。从 age 前有负号可知,SA 原值越大,融资约束越严重。

所有制企业的融资约束表现出异质性,它缓解了国有企业的融资约束,加剧了民营企业的融资约束,对外资企业不显著①,这说明国内企业对资本错配的反应更加敏感,且资本错配的加剧会让民营企业的融资难问题"雪上加霜"。由于外资企业的中介效应并不显著,本书着重分析和对比了国有和民营企业的融资约束中介效应。对于国有企业来说,资本错配虽然有利于降低其所面临的融资约束,但值得深思的是,借助缓解融资约束来提升国有企业创新数量的作用程度极为有限,且总效应为负,也就是说,融资约束遮掩了资本错配对企业创新数量的负面影响;对于民营企业来说,资本错配通过进一步强化其融资约束抑制了企业创新数量的增长。

表4-12 资本错配对企业创新数量的直接影响与中介效应分析

变量	(1) 整体 SA	(2) 整体 INN	(3) 国有企业 SA	(4) 国有企业 INN	(5) 民营企业 SA	(6) 民营企业 INN
$MISK$	-0.0006* (-1.69)	-0.0405*** (-4.09)	-0.0015*** (-2.86)	-0.0534*** (-3.23)	0.0006* (1.78)	-0.0268** (-2.01)
SA		-0.7680*** (-4.14)		-0.9352*** (-2.73)		-1.4031*** (-3.37)
$lnsize$	0.0213*** (52.26)	0.0335*** (2.88)	0.0005 (0.87)	0.0467** (2.28)	0.0192*** (46.11)	0.0267 (1.37)
Lev	-0.0086*** (-41.65)	-0.0083 (-1.44)	-0.0226*** (-11.11)	-0.1040 (-1.56)	-0.0073*** (-47.14)	-0.0197*** (-2.71)
ROA	0.0001*** (35.78)	0.0001 (1.40)	-0.0139*** (-9.04)	-0.0831* (-1.66)	-0.0032*** (-18.14)	-0.0098 (-1.29)
$Tobin\ Q$	0.0000*** (26.62)	0.0000 (1.04)	-0.0025*** (-12.10)	-0.0222*** (-3.23)	-0.0006*** (-28.20)	-0.0018* (-1.93)
Fix	0.0121*** (4.62)	0.1013 (1.44)	0.0000 (0.01)	0.1551 (1.42)	-0.0031 (-1.24)	0.0090 (0.08)

---

① 由于外资和其他企业的回归并不显著,限于篇幅,此处不予展示。具体回归结果可参照附录。

续表

变量	(1) 整体 SA	(2) 整体 INN	(3) 国有企业 SA	(4) 国有企业 INN	(5) 民营企业 SA	(6) 民营企业 INN
$Top10$	-0.000*** (-10.18)	0.0010** (2.22)	-0.000*** (-3.87)	-0.002*** (-2.73)	-0.000* (-1.85)	0.0009 (1.29)
$Liquidity$	-0.0002*** (-3.25)	0.0035* (1.83)	-0.0001 (-0.78)	-0.0045 (-0.74)	-0.003*** (-5.27)	0.0017 (0.80)
$Invest$	-0.0080 (-1.49)	0.4504*** (3.15)	0.0096 (1.34)	0.0682 (0.29)	-0.0118** (-2.57)	0.6190*** (3.15)
$Duality$	-0.0044*** (-5.87)	0.0473** (2.36)	-0.0042*** (-3.76)	0.0951*** (2.61)	-0.0021*** (-3.36)	-0.0007 (-0.03)
$State$	-0.0010 (-0.66)	0.0674 (1.60)			0.0169 (1.13)	-0.1722 (-0.27)
$Mhold$	0.0001 (1.15)	0.0036** (2.37)	-0.0001 (-1.07)	0.0013 (0.49)	-0.0002*** (-3.30)	0.0085*** (4.02)
C	0.9256*** (181.17)	1.3494*** (6.14)	1.2239*** (146.33)	1.5694*** (3.14)	0.9235*** (184.92)	2.3196*** (5.27)
N	24126	24126	10135	10135	12618	12618
R^2	0.6133	0.2483	0.6106	0.1869	0.8147	0.3020

注：同表4-2。

4.4.2 融资约束对企业创新质量的中介效应分析

表4-13报告了资本错配通过融资约束对企业创新质量影响的中介效应。列（2）中，资本错配的回归系数不显著，融资约束的回归系数在1%的水平上显著为正，说明资本错配通过融资约束的完全中介效应影响了企业创新质量的提高。从数值来看，这一负向中介效应占到了总效应的64.85%，说明融资约束对企业创新质量影响的渠道力度较大。对比不同所有制的企业发现，融资约束对国有企业的负向中介效应进一步抑制了其创新质量的提高，对民营企业的正向遮掩效应缓解了资本错配对其创新质量的负面影响。可能的原因在于，企业研发创新活动需要大量资金的稳定投入，当企业的资本要素投入数量有限，存在融资约束时，企业就会更加注

重实质性创新，以期推动技术进步、为公司带来更多收益，而减少增加专利"数量"的策略性创新。对于国有企业而言，资本错配虽然缓解了其所面临的融资约束，让其能以低于市场出清时的资本使用成本得到银行贷款，但在既可以从事创新等生产性活动，又能够利用尚不健全的资本市场选择寻租等非生产性活动的情况下，寻租所带来的足够大的收益会让国有企业的战略重心转移，将更多资金配置到寻租活动上，导致企业创新质量的下降。对于经济体中的民营企业来说，资本错配使得其所面临的外部融资环境更加恶劣，融资约束更为严重，在这种情况下，尽管寻租可能帮助企业获得更多资本，但这一好处会被更高的资本成本所抵消，而且从长期来看，寻租并不利于企业的持续发展，因而，民营企业只能提高其创新质量以增强市场竞争力。

表4-13 资本错配对企业创新质量的直接影响与中介效应分析

变量	(1) 整体 SA	(2) 整体 INQ	(3) 国有企业 SA	(4) 国有企业 INQ	(5) 民营企业 SA	(6) 民营企业 INQ
MISK	-0.0006* (-1.69)	-0.0331 (-0.24)	-0.0015*** (-2.86)	-0.0725 (-0.86)	0.0006* (1.78)	-0.0914 (-1.42)
SA		11.8016*** (4.11)		11.2728*** (6.46)		9.1745*** (4.57)
lnsize	0.0213*** (52.26)	0.8740*** (5.49)	0.0005 (0.87)	1.6683*** (15.95)	0.0192*** (46.11)	0.5958*** (6.35)
Lev	-0.0086*** (-41.65)	0.1271 (1.62)	-0.0226*** (-11.11)	-5.2637*** (-15.52)	-0.0073*** (-47.14)	0.0077 (0.22)
ROA	0.0001*** (35.78)	-0.0013* (-1.85)	-0.0139*** (-9.04)	-10.6567*** (-41.73)	-0.0032*** (-18.14)	-0.3057*** (-8.36)
Tobin Q	0.0000*** (26.62)	0.0001 (0.30)	-0.0025*** (-12.10)	0.1517*** (4.32)	-0.0006*** (-28.20)	0.0043 (0.96)
Fix	0.0121*** (4.62)	1.6460* (1.71)	0.0000 (0.01)	0.0669 (0.12)	-0.0031 (-1.24)	-1.0868** (-2.09)
Top10	-0.0002*** (-10.18)	0.0325*** (5.20)	-0.0001*** (-3.87)	0.0004 (0.12)	-0.0000* (-1.85)	0.0094*** (2.94)

续表

变量	(1) 整体 SA	(2) 整体 INQ	(3) 国有企业 SA	(4) 国有企业 INQ	(5) 民营企业 SA	(6) 民营企业 INQ
$Liquidity$	-0.0002*** (-3.25)	0.0191 (0.74)	-0.0001 (-0.78)	-0.0872*** (-2.78)	-0.0003*** (-5.27)	-0.053*** (-5.19)
$Invest$	-0.0080 (-1.49)	8.2391*** (4.22)	0.0096 (1.34)	10.6970*** (9.04)	-0.0118** (-2.57)	9.2819*** (9.82)
$Duality$	-0.0044*** (-5.87)	-0.3675 (-1.34)	-0.0042*** (-3.76)	0.0773 (0.42)	-0.0021*** (-3.36)	-0.0092 (-0.07)
$State$	-0.0010 (-0.66)	-5.3650*** (-9.30)			0.0169 (1.13)	2.8835 (0.94)
$Mhold$	0.0001 (1.15)	0.0040 (0.19)	-0.0001 (-1.07)	-0.0229* (-1.73)	-0.0002*** (-3.30)	-0.0114 (-1.11)
C	0.9256*** (181.17)	-1.3e+02*** (-43.33)	1.2239*** (146.33)	-31.5262*** (-12.39)	0.9235*** (184.92)	-16.6817*** (-7.87)
N	24126	24126	10135	10135	12618	12618
R^2	0.6133	0.1002	0.6106	0.2084	0.8147	0.0405

注：同表4-2。

4.4.3 融资约束对企业创新风险的中介效应分析

表4-14报告了融资约束对企业创新风险影响的中介效应。列（1）和列（2）的回归结果显示，整体上，融资约束对企业的创新风险具有遮掩作用，资本错配通过缓解企业的融资约束降低了企业所面临的创新风险。对比资本错配对国有企业和民营企业融资约束及创新风险的影响可以发现，资本错配降低了国有企业的融资约束，提高了民营企业的融资约束。同时，列（4）中，融资约束对国有企业创新风险的回归系数并不显著，说明对于国有企业来说，不存在融资约束的中介效应，即资本错配没有通过融资约束进一步增加国有企业所面临的创新风险。对于民营企业而言，由于资本错配对融资约束的回归系数和融资约束对创新风险的回归系数均显著为正，融资约束的中介效应在民营企业中是存在的，资本错配会

通过提高民营企业的融资约束进一步加剧其所面临的创新风险。资本错配在降低部分企业资本使用成本的同时，也提高了其余企业的资本使用成本和融资约束，在这种情况下，面临更加严峻融资约束的企业会减少创新活动或者干脆不再进行创新，因而，总体的创新风险也随之降低，即资本错配通过融资约束的遮掩作用降低了其对总体企业的创新风险的正向影响。

表4-14 资本错配对企业创新风险的直接影响与中介效应分析

变量	(1) 整体 SA	(2) 整体 INR	(3) 国有企业 SA	(4) 国有企业 INR	(5) 民营企业 SA	(6) 民营企业 INR
$MISK$	-0.0006* (-1.69)	0.0631*** (4.94)	-0.0015*** (-2.86)	0.1045*** (3.84)	0.0006* (1.78)	0.0465*** (2.99)
SA		0.5010*** (4.90)		-0.0660 (-0.42)		2.7043*** (10.13)
$lnsize$	0.0213*** (52.26)	0.0665*** (6.36)	0.0005 (0.87)	0.0333** (1.99)	0.0192*** (46.11)	-0.0223 (-1.23)
Lev	-0.0086*** (-41.65)	0.6118*** (9.73)	-0.0226*** (-11.11)	0.3331*** (3.21)	-0.0073*** (-47.14)	0.6481*** (7.52)
ROA	0.0001*** (35.78)	-0.0036** (-2.46)	-0.0139*** (-9.04)	0.0357 (0.31)	-0.0032*** (-18.14)	-0.0530 (-1.35)
$Tobin\ Q$	0.0000*** (26.62)	0.0436*** (7.33)	-0.0025*** (-12.10)	0.0089 (0.83)	-0.0006*** (-28.20)	0.0459*** (6.21)
Fix	0.0121*** (4.62)	-0.3581*** (-5.09)	0.0000 (0.01)	-0.2474** (-2.43)	-0.0031 (-1.24)	-0.547*** (-5.00)
$Top10$	-0.0002*** (-10.18)	-0.0019*** (-6.64)	-0.0001*** (-3.87)	-0.0035*** (-2.70)	-0.0000* (-1.85)	-0.0024** (-2.25)
$liquidity$	-0.0002*** (-3.25)	-0.0019 (-0.73)	-0.0001 (-0.78)	-0.0205** (-2.41)	-0.0003*** (-5.27)	0.0023 (0.76)
$Invest$	-0.0080 (-1.49)	0.0717 (0.32)	0.0096 (1.34)	-0.2114 (-0.52)	-0.0118** (-2.57)	0.5826** (2.00)
$Duality$	-0.004*** (-5.87)	-0.0342 (-1.35)	-0.004*** (-3.76)	-0.0308 (-0.53)	-0.002*** (-3.36)	-0.0383 (-1.30)

续表

变量	(1) 整体 SA	(2) 整体 INR	(3) 国有企业 SA	(4) 国有企业 INR	(5) 民营企业 SA	(6) 民营企业 INR
State	-0.0010 (-0.66)	0.0684** (2.57)			0.0169 (1.13)	
Mhold	0.0001 (1.15)	-0.0176*** (-10.83)	-0.0001 (-1.07)	-0.0121*** (-4.13)	-0.0002*** (-3.30)	-0.0131*** (-5.79)
C	0.9256*** (181.17)	0.4339** (2.06)	1.2239*** (146.33)	1.6679*** (4.71)	0.9235*** (184.92)	-1.3665*** (-3.94)
N	24126	20943	10135	9151	12618	10609
R^2	0.6133		0.6106		0.8147	

注：同表4-2。

4.5 本章小结

创新型国家的建设离不开资本的有效助推，切实提高资本利用效率、改善资本错配是实现经济高质量的题中之义。本章从当前中国资本要素价格扭曲而引致的资本错配这一典型事实出发，以2007—2018年沪深A股非金融类上市企业为研究样本，实证考察了行业内企业间的资本错配对中国企业创新活动的影响效应及作用机制。研究发现：

第一，资本错配对微观企业的创新行为产生了显著的抑制作用，降低了企业的创新数量和创新质量，提高了企业的创新风险。从具体数值来看，资本错配每提高0.1个单位，企业创新数量降低0.4个百分点，创新质量降低0.969个百分点，同时，创新风险的概率提高0.611%。

第二，资本错配对不同特征企业的创新行影响效应存在差异。与中小板和创业板企业、劳动密集型企业、外资企业相比，资本错配主要降低了主板上市企业、资本密集型和技术密集型企业、国内企业（国有企业和民营企业）的创新数量和创新质量，提高了其创新风险。

第三，基于融资约束的机制研究发现，资本错配通过降低国有企业融资约束，加剧民营企业融资约束，造成了整体创新数量和创新质量的下降、创新风险的提高。具体地,就国有企业而言,融资约束缓解了资本错配对其创新数量的负面影响,加剧了资本错配对其创新质量的抑制,不存在对其创新风险的中介作用。就民营企业来说,融资约束进一步减少了其创新数量,提高了其创新质量,加剧了其所面临的创新风险。

由此可见,矫正金融要素市场扭曲、优化资本配置是事关中国经济创新驱动发展的重要议题。在当前中国经济增长动能转换、防范系统性金融风险的大背景下,加快金融部门市场化改革,提高金融市场发展质量,让资本在企业间充分自由流动,有利于破除所有制壁垒,改善企业要素使用方式,发挥价格信号的要素配置功能,缓解信息不对称以及信息不对称所导致的道德风险和逆向选择问题等筹资因素,为企业创新的技术路径选择和创新能力提升提供资本赋能。

5 资本错配与实体企业金融化的实证分析

扭转实体企业的"脱实向虚"态势,实现虚拟经济与实体经济的共生共荣对于中国经济提质增效至关重要。资本错配作为前期粗放型经济发展的"后遗症",会对企业的金融化行为产生何种影响,现有研究尚属空白。本章利用 2007—2018 年中国 A 股非金融类上市企业数据,从投入(金融资产占比)和产出(金融渠道获利)的双重视角细致考察了资本错配对企业金融化的效应和影响路径。

5.1 问题提出

引导实体经济"脱虚向实"是"防范化解重大风险,促进形成金融和实体经济、金融和房地产、金融体系内部的良性循环"的重要举措。早在 2015 年的中央经济工作会议讲话中,习近平总书记就曾谈到"大量资金流向虚拟经济,使资产泡沫膨胀,金融风险逐步显现,社会再生产中的生产、流通、分配、消费整体循环不畅"。2016 年年底的中央经济工作会议明确提出"抑制资产泡沫"和"振兴实体经济",并在之后的政府工作和经济政策制定中,通过进一步完善"货币政策+宏观审慎政策"的双支柱调控框架,金融监管全面趋严,倒逼金融机构去杠杆,引导资金流向实体经济。在 2017 年党的十九大报告中,习近平总书记再次就"深化金融体制改革,增强金融服务于实体经济的能力"作了明确要求。由此可见政府对经济"脱实向虚"的重视程度以及这一问题的严峻性。

宏观经济的"脱实向虚"表现在微观层面，即企业金融化。那么，一个重要问题由此产生：为什么会出现如此明显且大规模的企业金融化？从理论上讲，微观企业选择进行实体投资还是金融投资，取决于该投资活动的资本边际收益率是否高于市场利率（王国刚，2018）。当固定资产投资的资本边际收益率低于市场利率，而金融部门的收益高于市场利率时，在企业利润最大化的价值导向下，不论是实体企业还是其他投资者都有增加投资进入金融业的冲动，由此，资金会自然地流向金融部门，引致实体投资减少。从现实情况来看，当前中国经济正处于"三期叠加"的转型时期，经济下行与产能过剩的冲击让实体经济持续走低（杨筝等，2019）；金融市场改革严重滞后于产品市场和劳动力市场（Huang，2010；简泽等，2018），金融市场发展的双轨制特点，使得正规金融市场和非正规金融市场同时存在，价格管制和数量管制存在双重扭曲（纪洋等，2016）。价格管制导致的供需失衡压低了正规利率；数量管制带来的正规市场失衡，使得信贷配给与信贷歧视等广泛存在，在让部分企业优先获得融资的同时，也将其他企业挤出正规市场，更有甚者，通过直接充当"实质性信用中介"间接成为影子银行信用市场的参与主体（李建军、韩珣，2019）。这些问题的存在进一步加剧了资本报酬对边际产出的趋势性偏离，使得资本要素资源在企业、行业、地区之间难以得到有效配置。那么，资本错配是否影响了中国经济的"脱实向虚"？微观企业的金融化行为是否与资本错配存在关联？如果有所关联，它会沿着怎样的传导路径产生作用？

5.2 实证研究设计

5.2.1 数据来源与数据处理

本书以中国 A 股上市企业为研究对象，选择 2007—2018 年为样本区间，考察资本错配对企业金融化的影响，主要基于以下几点考虑：①2007 年新企业会计准则开始实施，企业金融资产数据的可得性和标准化加强。②上市企业代表着中国最优秀的企业，且金融资产持有规模庞大（王国刚，2017；彭俞超、黄志刚，2018），因此，其对资本错配的感知更加灵敏，能够更好地反映出资本错配对企业金融化的影响程度。

根据研究目的和需要,本书剔除了金融保险类行业、房地产行业上市企业;ST、*ST、PT 企业;财务状况存在异常的企业样本,如总资产(或总负债)小于 0 的样本,总资产小于固定资产、无形资产、流动资产的样本,长期负债、流动负债大于总负债的样本;主要变量存在缺失的样本。并通过查阅相关年报等方式,就部分缺失数据进行了手工补漏和校正之后,最终,得到 24874 个企业—年份观测值。本书使用的所有数据均来自国泰安(CSMAR)上市企业数据库。

5.2.2 模型构建与变量说明

(1) 模型构建

结合上文理论分析,设定如下模型就资本错配对企业金融化的影响进行检验:

$$FIN_{tfji} = \beta_0 + \beta_1 MISK_{tfj} + \beta_2 CTRL_{tfji} + \lambda_{tfji} + \delta_t + \varepsilon_{tfji} \quad (5-1)$$

式(5-1)中,下标 t、f、j、i 分别表示年份、省份、行业、企业;FIN(FCP)为被解释变量,表示企业金融化(金融渠道获利);$MISK$ 为核心解释变量,表示行业内企业间的资本错配;$CTRL$ 为控制变量;λ 和 δ 分别是个体固定效应和时间固定效应,用来控制个体异质性和宏观经济波动等时期特征对企业金融化的影响;ε 为随机扰动项。

在此基础上,为进一步探究资本错配影响企业金融化的运作机理,本书拟从收益和成本两个视角切入,运用实体利润率和短贷长投变量,借助中介效应模型考察资本错配影响企业金融化的渠道作用。

(2) 变量说明

①被解释变量:企业金融化(FIN)和企业金融渠道获利(FCP)。

i. 企业金融化的衡量。借鉴杜勇等(2019)、肖忠意和林琳(2019)的研究,采用当期金融资产在总资产中的比重来定义企业金融化行为。具体地,将交易性金融资产、可供出售金融资产净额、衍生金融资产、持有至到期投资净额、长期股权投资净额和投资性房地产六类项目归为企业金融资产[1]，并在后文中引入其他指标进行稳健性检验。

ii. 企业金融渠道获利的衡量。由于部分上市企业存在对联营或合营企业的投资活动，本书借鉴 Demir（2009）、张成思和张步昙（2016）、胡奕明等（2017）、刘贯春（2017）的做法，分别从广义口径和狭义口径两种情形进行内涵界定。其中，广义金融渠道获利 = 投资收益 + 公允价值变动收益 + 其他综合收益；狭义金融渠道获利 = 投资收益 + 公允价值变动收益 + 其他综合收益 – 其中对联营企业和合营企业的投资收益。

②核心解释变量：行业内企业间的资本错配（$MISK$）。在 H – K 测算框架下，利用 ACF 方法（Ackerberg et al.，2015），对资本错配进行求解。其中，资本价格 $R = 0.10$，产品替代弹性 $\sigma = 3$。具体理论阐述和中国上市企业分行业的资本错配状况，参见第 3 章资本错配的形成机理部分和第 4 章资本错配的典型事实部分。

③中介变量。

i. 实体利润率（EP），具体地，将企业利润来源划分为实体利润率和金融利润率，实体利润率1（$EP1$）用利润总额与狭义金融渠道获利之差比营业总收入表示，实体利润率2（$EP2$）用利润总额与广义金融渠道获利之差比营业总收入表示。

ii. 短贷长投，其中短期贷款（SL）使用总资产标准化后的短期贷款期末余额表示；长期贷款（LL）使用总资产标准化后的长期贷款期末余额表示。

④控制变量。除上述核心变量外，本书还控制了以下企业特征变量：企业规模（$lnsize$），用企业总资产规模的自然对数表示；杠杆率（Lev），用负债总额和资产总额的比率衡量；资产回报率（ROA），用净利润与总资产的比值表示；成长性（$Tobin\ Q$），用企业市值与账面价值比值表示；

---

[1] 需要说明的是,考虑到货币资金多用于满足企业日常生产经营和开销活动且经营活动本身也会产生货币资金(杜勇等,2017),本书并未按照会计准则中对企业金融资产的界定,将货币资金纳入企业金融资产范畴；同时,鉴于房地产投资多为资本增值或赚收租金等逐利目的,借鉴现有大多数文献的研究(宋军、陆旸,2015；王红建等,2017；彭俞超等,2018；杜勇等,2019),将投资性房地产纳入企业金融资产范畴。

固定资产比率（Fix），用固定资产净额与总资产比例表示；股权集中度（$Top10$），用前十大股东持股比例之和表示；流动比率（$Liquidity$），用流动资产与流动负债比率表示；企业投资规模（$Invest$），用构建固定资产、无形资产和其他长期资产支付的现金在总资产中的占比表示；领导权结构（$Duality$），根据董事长与总经理兼任情况，如果是同一人取1，否则取0；是否为国有控股（$State$），如果是国有企业取值为1，否则为0；高管持股数量（$Mhold$），用高管持股数加1后取对数衡量。

表5–1报告了所有变量间的Pearson相关系数。可以看出，资本错配（$MISK$）与企业金融化（FIN）、企业金融渠道收益（FCP）间呈现显著的正相关关系，说明在不考虑其他因素影响时，资本错配越严重，企业金融化程度越高，金融渠道收益越高。但由于相关性分析没有控制其他因素，因此更为可靠的结论还有赖于细致的多元回归分析得到。

表5–1 主要变量的Pearson相关系数

变量	FIN	FCP	$MISK$	$Lnsize$	Lev	ROA	$Tobin\ Q$
FIN	1.000						
FCP	0.178***	1.000					
$MISK$	0.123***	0.026***	1.000				
$lnsize$	0.046***	−0.004	0.126***	1.000			
Lev	0.004	−0.015**	0.041***	0.064***	1.000		
ROA	−0.007	0.039***	−0.017***	0.019***	−0.715***	1.000	
$Tobin\ Q$	−0.007	0.00300	−0.035***	−0.384***	0.028***	−0.067***	1.000
Fix	−0.157***	−0.039***	0.060***	0.135***	0.094***	−0.052***	−0.141***
$TOP10$	−0.197***	−0.025***	−0.014**	0.131***	−0.106***	0.062***	0.003
$Liquidity$	−0.072***	0.010	−0.068***	−0.203***	−0.191***	0.031***	0.151***
$Invest$	−0.173***	−0.020***	0.007	0.021***	−0.044***	0.035***	−0.031***
$Duality$	−0.079***	−0.013**	−0.054***	−0.170***	−0.061***	0.014**	0.108***
$State$	0.117***	−0.011*	0.111***	0.344***	0.097***	−0.016**	−0.190***
$Mhold$	−0.117***	−0.027***	−0.121***	−0.076***	−0.132***	0.035***	0.065***

变量	Fix	$TOP10$	$Liquidity$	$Invest$	$Duality$	$State$	$Mhold$
Fix	1.000						

续表

变量	Fix	TOP10	Liquidity	Invest	Duality	State	Mhold
TOP10	-0.041***	1.000					
Liquidity	-0.218***	0.125***	1.000				
Invest	0.230***	0.153***	-0.026***	1.000			
Duality	-0.122***	0.067***	0.118***	0.045***	1.000		
State	0.255***	-0.082***	-0.181***	-0.048***	-0.308***	1.000	
Mhold	-0.214***	0.076***	0.150***	0.060***	0.285***	-0.422***	1.000

注：＊＊＊、＊＊、＊分别表示在1%、5%、10%的显著性水平下显著。

5.3 资本错配与企业金融化的实证研究

5.3.1 主要实证结果

表5-2汇报了资本错配影响企业金融化的全样本估计结果，分别包括单独回归和纳入控制变量两种情形。首先，关注资本错配对企业金融化的影响。可以看到，资本错配提高了企业对金融资产的配置比例，平均而言，资本错配每提高0.1个单位，企业金融资产配置比例提高0.171%。这表明，资本错配的加剧进一步强化了企业持有金融资产进行企业金融化的动机。其次，关注资本错配对企业金融渠道获利的影响。发现资本错配降低了企业金融渠道获利，具体地，资本错配每提高0.1个单位，企业金融渠道获利降低1.785%。这说明，资本错配在不断增加企业金融资产配置比例的同时，减少了企业在金融资产上的获利。资本错配使得不同企业的资本使用成本离散程度进一步增加，方差变大。对于以低于市场出清价格获得资本的企业来说，一方面，在当前"经济金融化"，金融资产与固定资产的收益率之差不断扩大的现实背景下，增加企业金融资产配置比例，投资于金融与房地产行业，有利于企业超额利润的获取；但另一方面，资本错配作为偏离市场经济规律的非市场化现象，也容易导致以较低成本获得资本的企业产生过度投资、盲目投资和羊群效应，造成金融渠道获利的低效率性。对于以高于市场出清价格得到资本的企业来说，资本错配程度越严重，企业获取相同资本的成本越高，在社会资本有限的情况下，资本错配会挤出该部分企业的固定资产投

资，造成投资不足甚至企业对主营业务的偏离，出现"制造业空心化"，这在我国实体企业"脱实向虚"的金融化发展的迅猛趋势中可见一斑。

表5-2 资本错配与企业金融化

变量	(1) FIN	(2) FIN	(3) FCP	(4) FCP
MISK	0.0165*** (3.61)	0.0171*** (3.83)	-0.1856*** (-3.16)	-0.1785*** (-3.05)
lnsize		-0.0101*** (-11.40)		-0.0114 (-0.99)
Lev		-0.0063*** (-5.24)		0.0396** (2.49)
ROA		-0.0067*** (-4.03)		0.1486*** (6.87)
TobinQ		-0.0007*** (-4.03)		-0.0029 (-1.23)
Fix		-0.1019*** (-22.29)		-0.1614*** (-2.70)
Top10		-0.0007*** (-15.68)		0.0005 (0.84)
Liquidity		-0.0017*** (-14.80)		0.0008 (0.53)
Invest		-0.0977*** (-10.82)		0.0876 (0.74)
Duality		-0.0008 (-0.60)		-0.0104 (-0.58)
State		-0.0002 (-0.07)		-0.0613 (-1.59)
Mhold		-0.0001 (-1.08)		-0.0000 (-0.01)
C	0.0601*** (33.08)	0.2702*** (24.42)	0.0501** (2.16)	0.2018 (1.39)
N	24874	24874	24874	24874

续表

变量	(1)	(2)	(3)	(4)
	FIN	FIN	FCP	FCP
R^2	0.0303	0.0784	0.0019	0.0063

注：＊＊＊、＊＊、＊分别表示统计值在1%、5%、10%的显著性水平下显著，括号内数值为 t 统计量。

5.3.2 稳健性检验

为对上述结论的稳健性进行确认，本书从以下多个角度进行验证：①缩尾处理异常值。对所有连续变量1%的极大值和1%的极小值进行缩尾，以避免异常值和非随机值对结果的有偏影响，结果见表5-3列（1）和列（2）。②缩减样本时间范围。剔除2007年和2018年的样本以消除样本时间选择造成的影响，采用2008—2017年的面板数据重新估计，结果见列（3）和列（4）。③考虑到"金融资产"界定不同可能会影响研究结论，参考杜勇等（2019）对企业金融化的衡量，在前文的金融资产持有份额定义中，将"长期股权投资"替换为"发放贷款及垫款净额"，重新进行回归，估计结果见列（5）和列（6）。以上估计结果都表明，资本错配提高了企业金融资产持有份额、降低了企业金融渠道收益，说明模型解释力度较好，各变量系数方向一致，回归结果具有较好的稳健性。

表5-3 稳健性检验

变量	(1)	(2)	(3)	(4)	(5)	(6)
	FIN	FCP	FIN	FCP	FIN	FCP
MISK	0.0172＊＊＊ (4.02)	-0.0076＊＊ (-2.12)	0.0137＊＊＊ (2.84)	-0.2041＊＊＊ (-2.95)	0.0134＊＊＊ (3.85)	-0.0286＊＊＊ (-3.51)
ln$size$	-0.0096＊＊＊ (-11.09)	-0.0096＊＊＊ (-6.90)	-0.0108＊＊＊ (-11.87)	0.0017 (0.13)	-0.0052＊＊＊ (-7.51)	-0.0117 (-1.05)
Lev	-0.0487＊＊＊ (-14.13)	0.0019 (0.35)	-0.0050＊＊＊ (-4.26)	0.0254 (1.51)	-0.0061＊＊＊ (-6.40)	0.0364＊＊ (2.38)
ROA	-0.0492＊＊＊ (-6.65)	0.2451＊＊＊ (20.65)	-0.0047＊＊＊ (-2.95)	0.1371＊＊＊ (5.98)	-0.0080＊＊＊ (-6.20)	0.1097＊＊＊ (5.27)

续表

变量	(1) FIN	(2) FCP	(3) FIN	(4) FCP	(5) FIN	(6) FCP
Tobin Q	-0.0006** (-2.57)	-0.0012*** (-2.97)	-0.0004** (-2.56)	-0.0027 (-1.06)	-0.0003** (-2.29)	-0.0022 (-1.01)
Fix	-0.1087*** (-24.31)	-0.0487*** (-6.79)	-0.0870*** (-18.47)	-0.1285* (-1.90)	-0.0673*** (-18.84)	-0.1510*** (-2.62)
Top10	-0.0007*** (-14.88)	-0.0005*** (-6.44)	-0.0007*** (-14.29)	0.0004 (0.58)	-0.0002*** (-6.89)	0.0006 (1.00)
Liquidity	-0.0049*** (-24.82)	0.0004 (1.25)	-0.0017*** (-14.86)	0.0002 (0.14)	-0.0007*** (-7.21)	0.0009 (0.60)
Invest	-0.1124*** (-12.39)	-0.0567*** (-3.90)	-0.0833*** (-9.15)	0.1222 (0.94)	-0.0450*** (-6.37)	0.1155 (1.01)
Duality	0.0000 (0.00)	0.0043** (2.03)	-0.0014 (-1.00)	-0.0109 (-0.55)	0.0004 (0.39)	-0.0120 (-0.69)
State	-0.0000 (-0.01)	-0.0186*** (-4.11)	0.0022 (0.70)	-0.0687 (-1.55)	0.0076*** (3.30)	-0.0630* (-1.70)
Mhold	-0.0001 (-1.13)	0.0002 (1.49)	-0.0002 (-1.60)	-0.0007 (-0.48)	-0.0001* (-1.65)	-0.0003 (-0.22)
C	0.2920*** (26.81)	0.1738*** (9.95)	0.2585*** (22.88)	0.0361 (0.22)	0.1262*** (14.60)	0.1558 (1.12)
N	24874	24874	22469	22469	24874	24874
R^2	0.0981	0.0473	0.0795	0.0063	0.0736	0.0043

注：同表5-2。

5.3.3 内生性讨论

以上实证结果表明，资本错配助推了企业金融化程度的提高，造成了金融渠道获利的减少。一个担忧是，如果资本错配变动受到该行业内企业金融化行为的影响，那么资本错配的变动相对于企业金融化而言就是内生的，这意味着本书得出的结果存在内生性偏误。例如，如果一个行业内整体的企业金融化现象较为严重，大部分资金流向金融领域以追求金融收益，而忽视实体经济投资，那么资本错配程度可能会越发恶化。为了排除这一潜在的内生性因素干扰，本书首先借鉴Acemoglu等（2003）、杜勇等（2019）的做法，选取行业资本错配的滞后一期（L.MISK）作为行业资本错配的工具变量。在一定程度上，当期的资本错配与滞后一期的资本错配密切相关，是当期资本错配的"历史变量"，同时又不直接影响当期的企业金融化行为。而且，假使存在反向因果关系，企业当期的金融化行为对资本错配的影响也更多表现在本期，对上一期的资本错配来说影响相对较弱。其次，利用该企业所在同一行业内其他企业的资本扭曲计算资本错配（MISKOTH），作为核心解释变量的工具变量（Kim et al.，2016；彭俞超等，2018）。因为同行业其他企业的资本错配平均值与该企业的资本错配水平相关，但并不直接影响该企业金融化行为，这一构建策略可以看成是将影响该企业金融化行为中相对外生的部分"剥离"出来。随后，采用工具变量两阶段最小二乘法（2SLS）的回归结果显示，在考虑了内生性问题后，资本错配仍对企业金融化表现出显著的正向影响，对金融渠道获利表现出负向影响，这与前文结论相一致（见表5-4）。

表5-4 内生性检验

变量	(1) MISK 第一阶段	(2) FIN 第二阶段	(3) FCP 第二阶段	(4) MISK 第一阶段	(5) FIN 第二阶段	(6) FCP 第二阶段
MISK		0.0204*** (3.34)	-0.1199** (-2.41)		0.0173*** (3.82)	-0.1261** (-2.13)
L.MISK	0.6885*** (178.09)					
MISKOTH				0.9776*** (1069.51)		
lnsize	-0.0000 (-0.04)	-0.0100*** (-11.28)	-0.0017 (-0.14)	-0.0003* (-1.65)	-0.0101*** (-11.40)	-0.0116 (-1.00)
Lev	0.0013 (1.20)	-0.0050*** (-4.27)	0.0264 (1.61)	0.0000 (0.03)	-0.0063*** (-5.24)	0.0396** (2.50)
ROA	0.0025* (1.68)	-0.0049*** (-3.05)	0.1375*** (6.18)	0.0013*** (3.70)	-0.0067*** (-4.03)	0.1486*** (6.88)

续表

变量	(1) MISK 第一阶段	(2) FIN 第二阶段	(3) FCP 第二阶段	(4) MISK 第一阶段	(5) FIN 第二阶段	(6) FCP 第二阶段
$Tobin\ Q$	0.0003* (1.88)	-0.0005*** (-2.85)	-0.0026 (-1.09)	0.0002*** (5.90)	-0.0007*** (-4.03)	-0.0029 (-1.25)
Fix	0.0007 (0.16)	-0.0884*** (-19.10)	-0.1505** (-2.34)	-0.0071*** (-7.47)	-0.1019*** (-22.30)	-0.1623*** (-2.71)
$TOP10$	0.0000 (0.73)	-0.0007*** (-14.92)	0.0004 (0.70)	0.0000 (0.75)	-0.0007*** (-15.69)	0.0005 (0.85)
$Liquidity$	-0.0000 (-0.36)	-0.0017*** (-14.71)	0.0002 (0.16)	0.0001** (2.17)	-0.0017*** (-14.80)	0.0008 (0.54)
$Invest$	-0.0157* (-1.89)	-0.0815*** (-9.05)	0.0965 (0.77)	-0.0036* (-1.92)	-0.0977*** (-10.81)	0.0882 (0.75)
$Duality$	0.0016 (1.33)	-0.0017 (-1.23)	-0.0119 (-0.63)	-0.0003 (-0.93)	-0.0008 (-0.60)	-0.0108 (-0.60)
$State$	0.0001 (0.05)	0.0024 (0.77)	-0.0817* (-1.92)	-0.0019*** (-3.15)	-0.0002 (-0.07)	-0.0611 (-1.58)
$Mhold$	-0.0001 (-0.66)	-0.0001 (-1.38)	-0.0004 (-0.27)	-0.0001*** (-3.98)	-0.0001 (-1.08)	0.0000 (0.00)
识别不足检验		1.2e+04 (0.00)	1.2e+04 (0.00)		2.1e+04 (0.00)	2.1e+04 (0.00)
弱工具变量检验		3.2e+04 (0.00)	3.2e+04 (0.00)		1.1e+06 (0.00)	1.1e+06 (0.00)
N	23144	23144	23144	24555	24555	24555
R^2		0.0793	0.0064		0.0784	0.0063

注：第一阶段括号中数值是 t 统计量，第二阶段括号中数值是 z 统计量。本书识别不足检验利用 Anderson canon. corr. LM statistic 统计量进行检验，弱工具变量检验则使用 Cragg – Donald Wald F statistic 统计量进行检验。

5.3.4 异质性分析

（1）所有制的异质性

根据实际控制人属性将样本划分为国有企业和非国有企业两种类型，

回归结果见表5-5。发现资本错配的作用在不同所有制企业中存在显著差异，具体地，资本错配显著提高了国有企业的金融资产持有份额，降低了非国有企业的金融渠道获利；而对国有企业的金融渠道获利和非国有企业的金融资产持有份额没有显著作用。可能的原因在于，资本错配使得企业间的资本使用成本进一步扩大，在金融市场发展不健全的背景下，国有企业会凭借其与银行、政府之间的天然政治优势，提高自身金融资产配置比例，以预防未来可能发生的现金流冲击或进行金融获利；而对于大多数非国有企业来说，资本错配使得其资本获得和使用成本偏高，在收益不变的前提下，融资成本的增加无疑会减少企业金融渠道获利。

表5-5 资本错配与企业金融化：所有制异质性

变量	(1) FIN 国有企业	(2) FCP 国有企业	(3) FIN 民营企业	(4) FCP 民营企业
$MISK$	0.0271*** (4.80)	-0.0270 (-1.44)	0.0043 (0.62)	-0.3036*** (-2.60)
$\ln size$	-0.0132*** (-9.00)	-0.0015 (-0.31)	-0.0121*** (-9.89)	-0.0229 (-1.12)
Lev	-0.0411*** (-9.81)	-0.0306** (-2.21)	-0.0029** (-2.12)	0.0583** (2.57)
ROA	-0.0233*** (-6.47)	0.0429*** (3.60)	-0.0025 (-1.30)	0.1737*** (5.50)
$Tobin\ Q$	0.0012*** (2.75)	0.0007 (0.51)	-0.0010*** (-5.13)	-0.0041 (-1.20)
Fix	-0.1299*** (-20.71)	-0.1000*** (-4.82)	-0.0905*** (-13.27)	-0.2857** (-2.51)
$Top10$	-0.0004*** (-4.79)	0.0002 (0.63)	-0.0007*** (-11.55)	0.0010 (0.94)
$Liquidity$	-0.0051*** (-13.68)	-0.0012 (-0.97)	-0.0013*** (-9.89)	0.0012 (0.55)
$Invest$	-0.1629*** (-12.20)	-0.1088** (-2.46)	-0.0634*** (-5.23)	0.2235 (1.10)

续表

变量	(1) FIN 国有企业	(2) FCP 国有企业	(3) FIN 民营企业	(4) FCP 民营企业
Duality	0.0003 (0.12)	0.0158** (2.01)	-0.0009 (-0.54)	-0.0138 (-0.49)
State	0.0000 (0.00)	0.0000 (0.00)	0.0455** (2.14)	0.0333 (0.09)
Mhold	-0.0004** (-2.33)	0.0001 (0.25)	-0.0001 (-0.55)	-0.0003 (-0.12)
C	0.3468*** (18.60)	0.0906 (1.47)	0.2612*** (17.38)	0.2647 (1.05)
N	10500	10500	14417	14417
R^2	0.0894	0.0155	0.1007	0.0072

注：同表 5-2。

(2) 企业规模的异质性

为了验证不同企业规模下资本错配对企业金融化的影响，本书根据企业规模将总样本分为大企业和小企业，将总资产超过当年所在行业总资产平均数的企业归类为大企业，反之归为小企业。表 5-6 结果显示，资本错配对大企业金融资产持有份额的回归系数显著为正，对其金融渠道获利的系数为正但不显著，即资本错配的加剧提高了大企业就金融资产在总资产中的配置比例，对大企业当期金融渠道获利的影响不明显。相较于大规模企业，资本错配虽然显著提高了小企业的金融资产持有份额，但同时也降低了其金融渠道获利。由此可见，资本错配与企业金融渠道获利关系在不同规模类型的企业之间存在显著的非对称特征。金融资产持有份额反映了企业所持有的金融资产在总资产中的占比，资本错配扭曲了由效率原则所决定的金融资源在各企业间的配置规律，面对金融部门资本收益率长期高于有实体部门且二者不均衡逐步扩大的现实情况，无论是大企业还是小企业，都倾向于分配更多的金融资产用于增加现金储备，以应对未来时期的不确定或增加短期获利（Chang et al.，2014；刘贯春等，2018），且这一点在依托规模优势的大企业中更加明显。至于小企业,因为其本身固有的市场风险较高、抵押品缺乏等企业特性,使得其在资金筹集方面的阻碍更大,融资成本更高,因而,在资本错配越严重的情况下,金融渠道获利越困难。

表 5-6 资本错配与企业金融化:企业规模异质性

变量	(1) FIN 大企业	(2) FCP 大企业	(3) FIN 小企业	(4) FCP 小企业
MISK	0.0312*** (4.14)	0.0183 (1.12)	0.0173*** (3.04)	-0.2536*** (-3.82)
ln$size$	-0.0175*** (-7.51)	-0.0029 (-0.58)	-0.0132*** (-11.35)	-0.0157 (-1.16)
Lev	-0.0547*** (-6.94)	0.0058 (0.34)	-0.0040*** (-3.17)	0.0359** (2.41)
ROA	-0.0562*** (-3.40)	0.3436*** (9.59)	-0.0038** (-2.20)	0.1508*** (7.49)
Tobin Q	-0.0011 (-1.32)	-0.0004 (-0.22)	-0.0007*** (-3.91)	-0.0024 (-1.10)
Fix	-0.1211*** (-13.50)	-0.0413** (-2.13)	-0.1036*** (-19.42)	-0.1638*** (-2.63)
Top10	-0.0006*** (-5.90)	-0.0005** (-2.26)	-0.0009*** (-15.98)	0.0005 (0.71)
Liquidity	-0.0012*** (-5.16)	-0.0008 (-1.50)	-0.0018*** (-13.77)	0.0002 (0.14)
Invest	-0.0831*** (-5.08)	-0.0461 (-1.30)	-0.1014*** (-9.57)	0.0514 (0.42)
Duality	0.0015 (0.56)	0.0016 (0.29)	-0.0022 (-1.36)	-0.0119 (-0.64)
State	-0.0012 (-0.18)	0.0035 (0.24)	-0.0045 (-1.29)	-0.0605 (-1.50)
Mhold	-0.0006*** (-3.52)	-0.0003 (-0.74)	0.0000 (0.08)	0.0002 (0.12)

续表

变量	(1) FIN 大企业	(2) FCP 大企业	(3) FIN 小企业	(4) FCP 小企业
C	0.4193*** (13.25)	0.1042 (1.52)	0.3078*** (21.78)	0.2747* (1.66)
N	5786	5786	19088	19088
R^2	0.1183	0.0378	0.0831	0.0096

注：同表 5-2。

(3) 一、二、三产业的异质性

在产业结构的分组回归中，资本错配对第一、二、三产业企业金融化行为的影响存在较大差异。首先，关注资本错配对金融资产持有份额的影响，发现资产错配对第一和第三产业企业均不存在显著作用，对第二产业金融资产持有份额的回归系数显著为正，为 0.0217（见表 5-7）。其次，关注资本错配对不同产业金融渠道获利的影响，发现资本错配显著提高了第一、二产业的金融收益，降低了第三产业的金融渠道获利。其原因可能在于，对于以制造业为核心的第二产业而言，依靠资本驱动的技术进步已成为制造业蓬勃发展的关键动能。在社会总资本一定的情况下，资本错配扭曲了企业资本要素投入数量及比例，使得融资成本较高的企业实体有效投资不足；融资成本较低的企业利用实体和金融行业的利差赚取"快钱"动机增强，倾向于配置更多的金融资产用于投资金融理财等产品，以获取更多利润。

表 5-7 资本错配与企业金融化：一二三产业的异质性

变量	(1) FIN 一产	(2) FCP 一产	(3) FIN 二产	(4) FCP 二产	(5) FIN 三产	(6) FCP 三产
MISK	-0.0404 (-0.95)	0.2784* (1.86)	0.0217*** (2.63)	0.1641** (2.10)	0.0021 (0.24)	-0.2783* (-1.65)
lnsize	0.0000 (0.01)	0.0089 (0.47)	-0.0077*** (-8.12)	-0.0203** (-2.26)	-0.0201*** (-8.25)	0.0407 (0.87)

续表

变量	(1) FIN 一产	(2) FCP 一产	(3) FIN 二产	(4) FCP 二产	(5) FIN 三产	(6) FCP 三产
Lev	0.0517*** (2.90)	-0.0809 (-1.29)	-0.0017 (-1.18)	0.0560*** (4.11)	-0.0080*** (-3.20)	-0.0590 (-1.23)
ROA	0.0077 (0.27)	0.2245** (2.25)	-0.0000 (-0.02)	0.1362*** (7.39)	-0.0134*** (-3.83)	0.1957*** (2.92)
Tobin Q	0.0019 (1.30)	-0.0068 (-1.33)	-0.0003* (-1.67)	-0.0025 (-1.45)	-0.0018*** (-3.77)	-0.0020 (-0.22)
Fix	-0.0369 (-1.39)	-0.0956 (-1.02)	-0.0812*** (-16.90)	-0.1383*** (-3.04)	-0.1599*** (-12.97)	-0.0245 (-0.10)
Top10	-0.0002 (-0.83)	-0.0016* (-1.85)	-0.0008*** (-15.98)	-0.0008* (-1.67)	-0.0007*** (-6.06)	0.0061*** (2.60)
Liquidity	-0.0026*** (-3.52)	-0.0043* (-1.69)	-0.0014*** (-11.75)	-0.0011 (-0.97)	-0.0028*** (-8.11)	0.0095 (1.42)
Invest	-0.0356 (-0.94)	-0.2719** (-2.03)	-0.0897*** (-9.64)	-0.0338 (-0.38)	-0.1226*** (-5.11)	0.7303 (1.59)
Duality	-0.0102* (-1.67)	0.0033 (0.15)	-0.0015 (-1.06)	-0.0167 (-1.27)	-0.0030 (-0.71)	0.0004 (0.00)
State	0.0376** (2.21)	-0.0605 (-1.01)	-0.0070** (-2.28)	-0.0964*** (-3.32)	0.0069 (0.79)	-0.0467 (-0.28)
Mhold	0.0008 (1.52)	0.0012 (0.67)	0.0001 (1.36)	-0.0001 (-0.11)	-0.0012*** (-3.70)	0.0023 (0.39)
C	0.0526 (0.71)	0.0415 (0.16)	0.2260*** (18.96)	0.3356*** (2.97)	0.4498*** (14.18)	-0.8616 (-1.42)
N	437	437	19014	19014	5423	5423
R^2	0.1814	0.1075	0.0761	0.0091	0.1125	0.0126

注：同表5-2。

(4) 按照要素密集度进行行业分组的实证结果

以证监会公告〔2012〕31号《上市公司行业分类指引》行业分类标准为基础，借鉴鲁桐和党印（2014）、肖忠意和林琳（2019）的行业分类方法，在剔除金融行业后，根据上市企业所属行业将其进一步归类为劳动密集型、资本密集型和技术密集型企业①，考察不同要素密集度分组下资本错配对上市企业金融化的影响（见表5－8）。不难发现，资本错配显著提高了劳动密集型和技术密集型上市企业二者的金融资产持有份额，且这一影响对技术密集型企业更大。也就是说，资本错配越严重，劳动密集型企业和技术密集型企业越倾向于配置更多的金融资本，进行企业金融化。同时，资本错配显著降低了劳动密集型企业的金融渠道收益，具体地，资本错配每提高0.1个单位，劳动密集型企业的金融渠道收益减少2.862%。由此可见，劳动密集型行业企业对资本错配所导致的金融渠道获利变化更加敏感，劳动密集型行业企业通过企业金融化获取短期金融收益的内在动力和替代品动机较高。对于资本密集型企业来说，资本错配对其金融资产持有份额和金融渠道收益均没有显著作用。

表5－8 资本错配与企业金融化：要素密集度的异质性

变量	(1) FIN 劳动密集型	(2) FCP 劳动密集型	(3) FIN 资本密集型	(4) FCP 资本密集型	(5) FIN 技术密集型	(6) FCP 技术密集型
MISK	0.0240*** (3.27)	-0.2862** (-2.05)	-0.0069 (-0.82)	-0.1251 (-1.42)	0.0282*** (2.98)	0.0325 (0.91)
lnsize	-0.0181*** (-9.58)	0.0164 (0.46)	0.0004 (0.18)	-0.0363* (-1.75)	-0.0091*** (-7.91)	-0.0113*** (-2.63)
Lev	-0.0390*** (-11.31)	-0.0252 (-0.39)	0.0045** (2.19)	0.0710*** (3.25)	-0.0033* (-1.72)	0.0273*** (3.76)
ROA	-0.0255*** (-5.46)	0.0430 (0.49)	0.0059** (2.13)	0.1888*** (6.46)	-0.0066** (-2.41)	0.2202*** (21.45)

---

① 其中，劳动密集型行业包括：农、林、牧、渔业，采矿业，食品饮料，纺织和服装，皮毛，木材，家具制造业，电力、热力、燃气及水的生产和供应业，建筑业，批发和零售业，交通运输、仓储和邮政业，住宿和餐饮业，教育、卫生和社会工作，居民服务、修理和其他服务业，综合类等；资本密集型行业包括：造纸，印刷，石油，化学，橡胶和塑料，金属，非金属，房地产业，租赁和商业服务业，水利、环境和公共设施管理业，文化、体育与娱乐业等；技术密集型行业包括：化学原料及化学制品制造业，医药制造业，机械、设备、仪器仪表，通信，电子，其他制造业，科学研究和技术服务业等。

续表

变量	(1) FIN 劳动密集型	(2) FCP 劳动密集型	(3) FIN 资本密集型	(4) FCP 资本密集型	(5) FIN 技术密集型	(6) FCP 技术密集型
$Tobin\ Q$	0.0006 (1.46)	-0.0043 (-0.58)	-0.0015*** (-2.61)	0.0055 (0.90)	-0.0011*** (-5.30)	-0.0014* (-1.76)
Fix	-0.1289*** (-15.10)	-0.1317 (-0.81)	-0.0843*** (-8.36)	-0.3195*** (-2.99)	-0.0884*** (-13.83)	-0.0825*** (-3.43)
$Top10$	-0.0004*** (-4.19)	0.0018 (0.94)	-0.0005*** (-5.22)	-0.0005 (-0.48)	-0.0010*** (-17.10)	-0.0006*** (-2.68)
$Liquidity$	-0.0029*** (-8.51)	0.0028 (0.43)	-0.0006*** (-2.84)	-0.0001 (-0.03)	-0.0021*** (-14.36)	-0.0002 (-0.39)
$Invest$	-0.1354*** (-7.19)	-0.1489 (-0.42)	-0.0939*** (-4.76)	0.5452*** (2.61)	-0.0757*** (-6.56)	-0.0081 (-0.19)
$Duality$	-0.0024 (-0.77)	0.0022 (0.04)	0.0024 (0.74)	-0.0130 (-0.38)	-0.0013 (-0.78)	-0.0090 (-1.47)
$State$	0.0086 (1.34)	-0.2764** (-2.26)	-0.0092 (-1.49)	0.0146 (0.22)	0.0003 (0.09)	0.0234* (1.69)
$Mhold$	-0.0007*** (-3.07)	-0.0015 (-0.35)	0.0003 (1.23)	0.0016 (0.62)	0.0001 (0.89)	0.0007 (1.51)
C	0.4006*** (17.08)	0.0335 (0.08)	0.1272*** (5.17)	0.5095* (1.96)	0.2539*** (17.66)	0.1616*** (2.99)
N	7356	7356	4773	4773	12745	12745
R^2	0.1010	0.0052	0.0679	0.0286	0.1030	0.0495

注：同表 5-2。

5.4 资本错配影响企业金融化的传导机制：实体利润率与短贷长投

通过前文分析发现，资本错配提高了企业金融化，但降低了金融渠道收益。那么，产生这一现象的原因是什么呢？这里为进一步验证资本错配到底影响了哪种企业的金融化行为以及企业为什么要进行金融化，我们将资本错配对企业金融化的影响与企业生产率相结合，以企业全要素生产率作为高效率企业和低效率企业的划分依据,展开进一步的细致检验。

表5-9是资本错配对企业金融化影响的分生产率结果。可以发现,资本错配显著提高了低全要素生产率企业的金融资产持有份额,而对高全要素生产率企业的金融资产持有无显著影响。同时,对低全要素生产率企业在金融渠道上的短期套利产生了负面影响,而对高生产率企业的作用不显著。该结论进一步证实了前文的猜想,即资本错配扭曲了资本要素在不同类型企业中的配置数量及比例,破坏了企业资本使用成本与生产率之间的对应关系,通过将低使用成本的资本错配给低效率企业,加剧了这部分企业的金融化行为。原因在于,一方面,低生产率企业本身进行实体投资获取利润的能力很差,在其产出效率并不高的前提下,利用低成本获取的资本进行金融理财投资,不仅可以在短期内获得收益,而且保证了企业在市场中的继续存活。另一方面,在金融资源有限的前提下,资本错配使得低生产率企业过多地使用资本,高生产率企业过少地使用资本,这在导致较多资本盲目流入金融房地产行业,降低金融投资收益的同时,也在一定程度上挤出了制造业投资,使得整个经济陷入虚拟投资过热和实体投资不足的双重困境。

表5-9 资本错配对不同全要素生产率企业金融化的影响结果

变量	(1) FIN	(2) FCP	(3) FIN	(4) FCP
	低全要素生产率		高全要素生产率	
MISK	0.0187*** (3.15)	-0.3734*** (-4.30)	0.0128 (1.60)	-0.0117 (-0.37)
lnsize	-0.0096*** (-8.22)	-0.0005 (-0.03)	-0.0106*** (-7.05)	-0.0015 (-0.25)
Lev	-0.0088*** (-5.32)	0.1249*** (5.15)	0.0008 (0.44)	-0.0001 (-0.01)
ROA	-0.0080*** (-3.61)	0.2327*** (7.13)	-0.0047** (-2.08)	0.0343*** (3.87)

续表

变量	(1) FIN	(2) FCP	(3) FIN	(4) FCP
	低全要素生产率		高全要素生产率	
$Tobin\ Q$	-0.0007*** (-2.99)	-0.0014 (-0.42)	-0.0006 (-1.27)	-0.0033* (-1.67)
Fix	-0.1119*** (-19.76)	-0.1637** (-1.97)	-0.0793*** (-9.91)	0.0216 (0.68)
$Top10$	-0.0008*** (-13.50)	0.0012 (1.42)	-0.0006*** (-8.22)	-0.0004 (-1.35)
$Liquidity$	-0.0018*** (-13.14)	0.0023 (1.13)	-0.0012*** (-4.07)	0.0004 (0.37)
$Invest$	-0.1005*** (-9.08)	0.0290 (0.18)	-0.0696*** (-4.55)	-0.0434 (-0.72)
$Duality$	-0.0015 (-0.83)	0.0011 (0.04)	0.0010 (0.49)	-0.0172** (-2.13)
$State$	-0.0034 (-0.94)	-0.1189** (-2.22)	-0.0004 (-0.06)	0.1943*** (8.33)
$Mhold$	-0.0001 (-0.58)	-0.0010 (-0.47)	0.0000 (0.33)	0.0006 (1.11)
C	0.2760*** (19.35)	0.0539 (0.26)	0.2513*** (12.36)	-0.0479 (-0.60)
N	17331	17331	7543	7543
R^2	0.0851	0.0083	0.0728	0.0198

注：同表5-2。

5.4.1 实体利润率

通过考察微观企业在传统商品生产销售和经营活动中所获利润是否越来越少，来检验资本错配对微观企业金融化的影响渠道。检验结果如表5-10所示，列（1）和列（2）、列（3）和列（4）、列（5）和列（6）分别报告了资本错配对企业实体利润率的影响，以及将实体利润率作为中介变量对企业金融化和金融渠道获利的估计结果。可以发现，资本错配越严重的行业，企业实体利润率显著越低。同时，实体利润率越低，企业金融化程度越高。因此，资本错配会通过降低企业的实体利润率间接提高企业金融化程度。类似地，以列（6）为例，说明资本错配和实体利润率对企业金融渠道获利的影响。由于资本错配对企业金融渠道获利的直接影响显著为负（-0.166），同时实体利润率的部分中介效应显著为正（-1.767×-0.041），因而资本错配通过实体利润率的正向中介效应弱化了其对企业金融渠道获利的不利影响。在实际经济运行中，实体生产所创造的社会财富是金融发展赖以生存的根基，是金融产品投资者的收益源泉，因而，一旦脱离实体经济，资本错配将会对企业金融渠道收益产生更大的负面影响。

表 5-10 实体利润率的中介效应检验

变量	(1) EP1	(2) EP2	(3) FIN	(4) FIN	(5) FCP	(6) FCP
MISK	-1.8506*** (-9.66)	-1.7671*** (-9.37)	0.0100** (2.53)	0.0098** (2.49)	-0.1574*** (-3.07)	-0.1656*** (-3.24)
EP1			-0.0011*** (-8.05)		-0.0349*** (-19.13)	
EP2				-0.0013*** (-8.85)		-0.0412*** (-22.32)
lnsize	0.1692*** (3.93)	0.1689*** (3.98)	-0.0099*** (-11.21)	-0.0099*** (-11.19)	-0.0055 (-0.48)	-0.0045 (-0.39)
Lev	0.6902*** (11.71)	0.6869*** (11.83)	-0.0056*** (-4.59)	-0.0055*** (-4.52)	0.0638*** (4.04)	0.0680*** (4.32)
ROA	2.7428*** (34.15)	2.7039*** (34.20)	-0.0036** (-2.11)	-0.0033* (-1.93)	0.2444*** (11.10)	0.2602*** (11.85)
Tobin Q	0.0385*** (4.47)	0.0391*** (4.62)	-0.0007*** (-3.78)	-0.0007*** (-3.75)	-0.0015 (-0.67)	-0.0013 (-0.56)
Fix	-0.5973*** (-2.69)	-0.5852*** (-2.67)	-0.1024*** (-22.43)	-0.1024*** (-22.45)	-0.1843*** (-3.10)	-0.1876*** (-3.17)
Top10	-0.0015 (-0.69)	-0.0014 (-0.66)	-0.0007*** (-15.70)	-0.0007*** (-15.71)	0.0004 (0.74)	0.0004 (0.73)

续表

变量	(1) EP1	(2) EP2	(3) FIN	(4) FIN	(5) FCP	(6) FCP
liquidity	0.0118** (2.06)	0.0118** (2.10)	−0.0017*** (−14.73)	−0.0017*** (−14.73)	0.0013 (0.83)	0.0013 (0.88)
Invest	0.4973 (1.13)	0.5254 (1.21)	−0.0971*** (−10.76)	−0.0970*** (−10.75)	0.1049 (0.89)	0.1092 (0.93)
Duality	−0.0002 (−0.00)	−0.0014 (−0.02)	−0.0008 (−0.58)	−0.0008 (−0.58)	−0.0110 (−0.61)	−0.0110 (−0.62)
State	−0.0257 (−0.18)	−0.0280 (−0.20)	−0.0003 (−0.10)	−0.0003 (−0.10)	−0.0615 (−1.61)	−0.0618 (−1.62)
Mhold	0.0061 (1.18)	0.0059 (1.15)	−0.0001 (−1.01)	−0.0001 (−1.01)	0.0002 (0.15)	0.0002 (0.17)
C	−1.9548*** (−3.64)	−1.9869*** (−3.75)	0.2692*** (24.39)	0.2689*** (24.37)	0.1159 (0.81)	0.1022 (0.71)
N	24874	24874	24874	24874	24874	24874
R^2	0.0845	0.0841	0.0810	0.0815	0.0227	0.0286

注：同表 5-2。

5.4.2 短贷长投

那么，资本错配是否通过增加企业所能获得的短期贷款，减少长期贷款，即通过短贷长投而进一步提高了企业金融化行为呢？表 5-11 的列（1）至列（3）报告了以短期贷款（SL）作为中介变量的回归结果。可以发现，列（1）中资本错配显著提高了企业的短期贷款水平，资本错配越严重，企业越倾向于短期贷款；同时，列（2）中短期贷款显著促进了企业金融化，提高了企业在金融资产上的配置比例，即资本错配通过增加企业短期贷款进一步加剧了企业金融化。类似地，在金融渠道方面，由于列（3）中资本错配的回归系数显著为负，短期贷款的系数显著为正，企业短期贷款的增加弱化了资本错配对企业金融渠道获利的负向影响。相比于长期贷款，期限溢价使得短期贷款的资金成本更低，在其他因素不变的情况下，融资成本的降低有利于企业金融渠道获利的增加。表 5-11 的列

(4) 至列（6）报告了资本错配对长期贷款（LL）的影响以及二者对企业金融化的影响。不同于前面的理论预判，列（4）中资本错配并没有显著影响企业的长期贷款，即长期贷款的中介效应不存在。但是，在列（5）和列（6）中，长期贷款对企业金融化和金融渠道收益的影响系数均显著为负，说明增加长期贷款有利于抑制企业金融化、降低企业金融渠道收益。可能的原因在于，中国多层次金融体系建设仍然不够完备，长期资金的供给和可获得性均相对较低且规模较小（白云霞等，2016）。

表 5–11 短贷长投的中介效应检验

变量	(1) SL	(2) FIN	(3) FCP	(4) LL	(5) FIN	(6) FCP
MISK	0.0122** (2.04)	0.0119*** (3.02)	-0.0918* (-1.78)	0.0031 (0.91)	0.0121*** (3.08)	-0.0921* (-1.78)
SL		0.0113** (2.52)	0.0824** (2.40)			
LL					-0.0297*** (-3.78)	-0.2351** (-2.28)
lnsize	0.0042*** (3.10)	-0.0102*** (-11.46)	-0.0111 (-0.96)	0.0265*** (34.38)	-0.0093*** (-10.25)	-0.0052 (-0.44)
Lev	0.0792*** (43.08)	-0.0072*** (-5.74)	0.0462*** (2.79)	0.0099*** (9.39)	-0.0061*** (-4.99)	0.0420*** (2.64)
ROA	0.0540*** (21.58)	-0.0073*** (-4.36)	0.1531*** (7.00)	0.0086*** (6.02)	-0.0064*** (-3.88)	0.1507*** (6.96)
Tobin Q	-0.0060*** (-22.27)	-0.0006*** (-3.60)	-0.0034 (-1.44)	-0.0002 (-1.03)	-0.0007*** (-4.05)	-0.0029 (-1.26)
Fix	0.0643*** (9.28)	-0.1024*** (-22.37)	-0.1581*** (-2.64)	0.0694*** (17.48)	-0.0996*** (-21.66)	-0.1471** (-2.44)
Top10	-0.0008*** (-11.43)	-0.0007*** (-15.40)	0.0004 (0.71)	-0.0001*** (-3.62)	-0.0007*** (-15.73)	0.0005 (0.77)
liquidity	-0.0028*** (-15.42)	-0.0017*** (-14.48)	0.0006 (0.41)	-0.0002 (-1.60)	-0.0018*** (-14.87)	0.0008 (0.53)

续表

变量	(1) SL	(2) FIN	(3) FCP	(4) LL	(5) FIN	(6) FCP
Invest	-0.0818*** (-5.97)	-0.0967*** (-10.69)	0.0808 (0.68)	0.1783*** (22.71)	-0.0923*** (-10.10)	0.1295 (1.08)
Duality	0.0013 (0.64)	-0.0008 (-0.59)	-0.0108 (-0.60)	-0.0025** (-2.09)	-0.0009 (-0.63)	-0.0115 (-0.64)
State	-0.0053 (-1.19)	-0.0002 (-0.07)	-0.0611 (-1.58)	0.0043* (1.66)	-0.0001 (-0.04)	-0.0596 (-1.55)
Mhold	0.0001 (0.47)	-0.0001 (-1.09)	0.0000 (0.00)	-0.0006*** (-6.07)	-0.0001 (-1.23)	-0.0001 (-0.10)
C	0.1263*** (7.53)	0.2700*** (24.40)	0.1945 (1.34)	-0.3000*** (-31.24)	0.2625*** (23.24)	0.1136 (0.77)
N	24874	24874	24874	24874	24874	24874
R^2	0.1833	0.0785	0.0061	0.0998	0.0788	0.0063

注：同表 5-2。

5.5 本章小结

近年来，实体经济金融化发展迅猛，非金融企业的金融投资热情日益高涨，经济"脱实向虚"日趋严重。深化金融体制改革、优化金融资产配置已成为推动金融服务实体、防控金融风险的重要抓手。本章从金融改革滞后所引发的资本错配视角，利用 2007—2018 年 A 股非金融上市企业样本，在对行业层面资本错配测度基础上，深入探究了资本错配对中国企业金融化的影响，并就二者的影响机制进行检验。研究发现：

第一，资本错配所导致的企业资本使用成本与生产率错位显著助推了企业金融化行为，并引致了企业金融渠道获利的减少。平均而言，资本错配每提高 0.1 个单位，企业金融资产配置比例提高 0.171%，金融渠道获利降低 1.785%。这表明，资本错配在不断增加企业金融资产配置比例、强化企业金融化动机的同时，也造成了企业在金融资产上获利的减少，使得企业金融化行为表现出低效率性。

第二，进一步按照所有制类型、企业规模、所属一二三产业以及要素密集度划分样本进行分析，发现资本错配对企业金融化的促进作用在国有企业、第二产业企业、劳动密集型和技术密集型行业企业中更为明显；资本错配对企业金融渠道获利的抑制影响在民营企业、小企业、第一和第三产业企业以及劳动密集型企业中更为突出。

第三，将资本错配对企业金融化的影响与企业生产率相结合，发现资本错配主要提高了低生产率企业的金融化程度，降低了低生产率企业的金融渠道收益，对高生产率企业没有显著影响。该结论进一步证实了本书的猜想，即资本错配扭曲了资本要素在不同类型企业中的配置数量及比例，破坏了企业资本使用成本与生产率之间的对应关系，通过将低使用成本的资本错配给低效率企业，加剧了这部分企业的金融化行为。

第四，机制研究表明，资本错配所造成的实体利润率下降、资本债务期限结构不合理，即短期贷款增加，是资本错配影响企业金融化和金融渠道获利的重要传导机制。实体利润率的提高有利于抑制企业的金融化行为，降低资本错配对企业金融渠道获利的不利影响。相比于长期贷款，资本错配会通过增加企业短期贷款进一步加剧企业的金融化行为，并弱化资本错配对企业金融渠道获利的负向作用。

因此，深化资本市场改革，矫正资本要素市场扭曲，打破当前由所有制和企业规模占主导地位的信贷资本配置方式，切实提高资本在行业内企业间的配置效率，是化解当前实体面"资金荒"和金融面"资产荒"，引导经济"脱虚向实"的关键所在。根据本书研究结论，资本要素不能按照企业生产率和企业资本使用效率相匹配的原则在不同企业之间进行有效配置是导致企业过度金融化的一个重要原因。因而，要从根本上解决中国资本错配问题，应进一步建立健全市场主体多元化的资本交易市场，消除造成资本扭曲的体制性障碍，促进以市场供求为基础的资本价格形成机制，为企业创造平等的资本获得机会。

6 资本错配、企业海外投资与国内投资的非平衡发展

开放是国家繁荣发展的必由之路,全方位、高层次地推进中国对外直接投资水平离不开资本的有效配置。本章利用 2007—2018 年中国 A 股上市企业数据,考察了资本错配对企业对外直接投资行为的影响。在此基础上,按照企业所有制性质、要素密集度和企业规模大小考察资本错配的异质性影响。另外,为了确认资本错配影响了企业哪一类型的对外直接投资,按照企业海外投资地,将企业的对外直接投资划分为避税投资和非避税投资、"顺梯度"投资和"逆梯度"投资,并就资本错配与企业海外直接投资决策的关系进行检验。最后,将资本错配、海外投资与国内投资纳入同一方程,考察资本错配所引致的海外投资对国内投资的影响。

6.1 问题提出

构建开放型经济体制已成为中国发展的新模式和新引擎(施建军等,2018)。对外直接投资作为中国企业"走出去"的重要途径,在增强企业战略技术联盟、促进国内产业结构升级、推动宏观经济高质量发展方面发挥着关键作用。2017 年 10 月,党的十九大报告明确指出,"创新对外投资方式,促进国际产能合作,形成面向全球的贸易、投融资、生产、服务网络,加快培育国际经济合作和竞争新优势"。2018 年 4 月,国家发展改革委等六部门联合印发《关于引导对外投融资基金健康发展的意见》,旨在通过建立完善的监管制度、奖励惩戒机制和服务保障,提高中国对外直接

投资的整体质量，提升投资的盈利水平。2019年12月召开的中央经济工作会议强调了"对外开放要继续往更大范围、更宽领域、更深层次的方向走，加强外商投资促进和保护"，"推动对外贸易稳中提质，引导企业开拓多元化出口市场"。由此可见中国对外贸易与投资发展由"重视数量转为重视质量"的思路变化。

作为一项资本输出活动，资本对企业的对外直接投资活动的重要性不言而喻。从一定意义上讲，一国金融发展水平程度以及资本配置效率的高低会直接影响企业的OFDI活动。但值得注意的是，不同于欧美等发达国家，处于经济转型阶段的中国，其制度环境、金融发展尚未健全。金融市场改革滞后所引致的金融摩擦和制度扭曲（如金融双轨制），使得资本价格长期处于负向扭曲状态，不同企业的资本边际生产率差异巨大，资本错配较为严重（王宁、史晋川，2015；简泽等，2018；Dai and Cheng，2018）。在这种情况下，对外直接投资规模"井喷式"增长的背后除了企业基于市场、技术等其他战略性资源的寻求动机，可能还涵盖了制度约束、政府干预等非市场力量下的"无奈之举"。例如，Chen等（2018）研究发现，中国的制度扭曲和"信贷歧视"激励了民营企业的OFDI。正式制度的缺失和基于关系文化的非正式制度约束，让越来越多的新兴经济体企业选择通过向发达国家直接投资以实现"制度逃离"（李新春、肖宵，2017）。毋庸置疑，这种"天生国际化"和区位选择跳跃式发展的"逆梯度"投资路径会让外界产生中国企业由于资本丰裕而进行国际市场开拓的错觉，但实质上这可能损害企业价值及其竞争力，甚至造成资本外逃，削弱中国经济的整体实力。

事实上，随着国内对外直接投资规模的持续快速扩张，已有学者注意到制度环境缺失（Kong et al.，2019；Shi et al.，2017；Cuervo-Cazurra and Narula，2015）、金融发展落后对我国企业OFDI的制约作用，并就母国和东道国金融发展水平（余官胜，2015；杜思正等，2016）、外资银行贷款（连立帅、陈超，2017）、中资银行"走出去"（吕越、邓利静，2019）、融资约束（王碧珺等，2015；Chen et al.，2018）等展开详细论述，认为金融发展水平的改善，可以有效缓解国际化企业所面临的融资约束，加快企业的国际化进程。另外，少数几篇文献对金融要素扭曲和资本效率这一主题进行了初步考察，包括王亚星和李敏瑞（2017）、冀相豹和王大莉（2017）、杜思正等（2016）的研究。这些研究深化了我们对中国OFDI发展模式和特点的理解，为我们的研究提供了有益思路，但这些文献的数据多源于《中国工业企业数据库》或就省级层面的OFDI进行分析；在OFDI变量的构建上也多采用是否存在海外投资的虚拟变量，忽略了其他有关企业海外投资等重要信息。鉴于此，本章结合中国经济转型的制度背景，系统考察资本错配对企业OFDI的影响，了解不同企业海外投资动机，明确资本错配影响企业OFDI的机理。

6.2 实证研究设计

6.2.1 数据来源与数据处理

本书关注的是资本错配背景下的企业海外投资行为，选取2007—2018年的中国沪深A股上市企业为研究对象，原因在于：①《中国工业企业数据库》与商务部《境外投资企业（机构）名录》的匹配数据相对滞后，而2010年之后中国的对外直接投资增长迅速（李雪松等，2017）。②基于二者的匹配数据只能构建是否存在对外直接投资的二值虚拟变量，而上市企业数据更新较快、指标较多，可以获取更多有关企业对外直接投资的重要信息。综合考虑，借鉴刘莉亚等（2015）、朱荃和张天华（2015）的研究，利用CSMAR"中国上市企业关联交易研究数据库"提供的上市企业关联企业基本信息，譬如关联企业注册地和注册资本、关联关系、货币类型、上市企业对关联企业的控制权益比例等具体信息，来识别企业的对外直接投资和国内投资。在此基础上，参考上市企业数据处理的通常做法，对核心变量存在缺失的企业样本、ST企业进行剔除处理，最终获得企业的有效样本个数为23615，其中海外直接投资样本个数7589。所有数据均来自国泰安（CSMAR）数据库。

6.2.2 模型构建与变量说明

（1）模型构建

本书主要考察资本错配对企业海外直接投资的影响，根据研究目标将模型设定为：

$$OFDI_{tfji} = \beta_0 + \beta_1 MISK_{tfj} + \beta_2 CTRL_{tfji} + \lambda_{tfji} + \delta_t + \varepsilon_{tfji} \quad (6-1)$$

式（6-1）中，被解释变量 $OFDI_{tfji}$ 表示 f 省份 j 行业的企业 i 在第 t 年的海外直接投资数量，核心解释变量 $MISK$ 表示行业内企业间的资本错配；$CTRL$ 为控制变量；λ和δ分别是个体固定效应和时间固定效应，用来控制个体异质性和宏观经济波动等时期特征对企业海外直接投资的影响；ε为随机扰动项。

（2）变量说明

被解释变量：企业海外投资。首先，利用 CSMAR 提供的上市企业关联公司信息，参考刘莉亚等（2015）的研究，将满足以下三个条件的投资视为上市企业的海外投资：①与上市企业的关联关系为其"子公司""合营企业"或"联营企业"；②上市企业对关联企业的控制权益比例超过10%；③关联方注册地在中国内地以外。之后，将每个上市企业每年的境外投资企业个数加总，得到上市企业海外投资总数。在实际信息筛选中，对部分关联企业信息存在缺失的样本，通过手动查找对应上市企业年报等资料加以补充，最终得到包含海外投资和非海外投资的 23615 个样本。

核心解释变量：行业内企业间的资本错配（$MISK$）。在 H-K 测算框架下，利用 ACF 方法（Ackerberg et al.，2015），对资本错配进行求解。其中，资本价格 $R=0.10$，产品替代弹性 $\sigma=3$。有关资本错配理论的具体阐述请参见第 3 章资本错配形成机理部分。

控制变量。主要包含了影响企业 OFDI 的其他变量，如企业规模（$Lnsize$），用企业总资产规模的自然对数表示；杠杆率（Lev），用负债总额和资产总额的比率衡量；资产回报率（ROA），用净利润与总资产的比值表示；成长性（$Tobin\ Q$），用企业市值与账面价值比值表示；固定资产比率（Fix），用固定资产净额与总资产比例表示；股权集中度（$Top10$），用前十大股东持股比例之和表示；流动比率（Liquidity），用流动资产与流动负债比率表示；企业投资规模（Invest），用构建固定资产、无形资产和其他长期资产支付的现金在总资产中的占比表示；领导权结构（Duality），根据董事长与总经理兼任情况，如果是同一人取 1，否则取 0；是否为国有控股（State），如果是国有企业取值为 1，否则为 0；高管持股数量（Mhold），用高管持股数加 1 后取对数衡量。

主要变量的相关系数矩阵显示，资本错配 MISK 与企业海外直接投资 OFDI 之间的 Pearson 相关系数为 0.032，且通过了 1% 水平的统计检验（见表 6-1）。说明在不考虑其他因素影响时，资本错配会提高企业的海外直接投资水平。控制变量与海外直接投资 OFDI 的相关关系，也大致符合本文的预测，如规模较大企业、杠杆率较高企业的对外直接投资的水平也较高。但由于相关性分析没有控制其他因素，更为可靠的结论有待进一步验证。

表 6-1　主要变量的 Pearson 相关系数

变量	OFDI	MISK	Lnsize	Lev	ROA	Tobin Q
MISK	0.032***					
Lnsize	0.283***	0.117***				
Lev	0.025***	0.019***	0.052***			
ROA	0.000	-0.013*	0.019***	-0.537***		
Tobin Q	-0.060***	-0.034***	-0.371***	0.306***	-0.044***	
Fix	-0.047***	0.092***	0.089***	0.042***	-0.038***	-0.105***
TOP10	0.023***	-0.045***	0.150***	-0.079***	0.057***	0.002
Invest	-0.026***	0.006	-0.018***	-0.037***	0.027***	-0.010
liquidity	-0.047***	-0.085***	-0.214***	-0.144***	0.031***	0.123***
Duality	-0.014**	-0.058***	-0.163***	-0.054***	0.014**	0.094***
State	0.010	0.134***	0.331***	0.074***	-0.020***	-0.172***
Mhold	0.071***	-0.131***	-0.062***	-0.098***	0.035***	0.053***

变量	Fix	TOP10	Invest	Liquidity	Duality	State
TOP10	-0.038***					
Invest	0.271***	0.140***				

续表

变量	Fix	TOP10	Invest	Liquidity	Duality	State
Liquidity	-0.202***	0.127***	-0.020***			
Duality	-0.104***	0.058***	0.054***	0.116***		
State	0.231***	-0.080***	-0.058***	-0.180***	-0.296***	
Mhold	-0.174***	0.067***	0.073***	0.144***	0.276***	-0.408***

注：***、**、*分别表示在1%、5%、10%的显著性水平下显著。

6.3 资本错配与中国企业海外直接投资的实证研究

6.3.1 基准模型

表6-2是基于总样本的资本错配与企业海外投资的回归结果。其中第（1）和第（2）列是基于面板数据随机效应模型的估计结果，第（3）和第（4）列是固定效应模型的回归结果。可以发现，无论采用何种效应模型，是否加入控制变量，资本错配的回归系数均在1%的水平上显著为正，说明资本错配在整体上促进了企业的海外投资水平。平均而言，资本错配每上升0.1个单位，企业海外投资水平就会提高4.88个百分点。资本错配的加剧使得微观企业主体间的资本使用成本差距进一步增大，对于资本边际收益产品低的企业，其资本使用成本更低，在"走出去"政策的鼓励下，资本使用成本的变低会驱使企业进行海外投资，提高企业海外投资意愿。对于资本边际收益产品高的企业，其资本使用成本较高，企业是否进行海外投资，需要权衡其进入海外市场所产生的成本与收益。国内资本使用成本变高，一方面会提高企业所面临的融资约束，限制企业海外投资能力（刘莉亚等，2015）；另一方面，也会强化企业对制度约束的规避动机，通过海外投资方式合法国际化，以克服由母国制度欠缺所引致的竞争劣势，实现市场和战略资源寻求（Cuervo-Cazurra et al.，2015；李新春、肖宵，2017）。因而，资本错配是否会从整体上促进企业海外投资，取决于两类不同资本边际收益产品企业的综合效应。从本书实证结果来看，总体上，资本错配提高了企业海外投资

水平，具体动机有待下文进一步考察。

表6-2 资本错配与企业海外投资的基准回归结果

变量	(1)	(2)	(3)	(4)
$MISK$	0.6337*** (3.53)	0.3362* (1.90)	0.5640*** (2.87)	0.4880** (2.51)
$\ln size$		0.9016*** (28.59)		0.8140*** (18.15)
Lev		0.0846** (2.42)		0.1013*** (2.83)
ROA		0.0564 (0.82)		0.0907 (1.29)
$Tobin\ Q$		0.0154** (2.23)		0.0067 (0.93)
Fix		-0.0364 (-0.19)		0.5270** (2.25)
$Top10$		-0.0133*** (-6.84)		-0.0133*** (-5.59)
$Invest$		-1.0742** (-2.52)		-0.7913* (-1.75)
$Liquidity$		-0.0051 (-0.94)		-0.0067 (-1.17)
$Duality$		-0.0895 (-1.46)		-0.1115 (-1.63)
$State$		-0.5109*** (-5.48)		-0.5001*** (-3.36)
$Mhold$		0.0195*** (4.41)		0.0160*** (3.04)
C	-0.2455** (-2.48)	-9.9258*** (-25.44)	-0.0496 (-0.57)	-8.9777*** (-16.47)
Yeareffect	YES	YES	YES	YES
Model	RE	RE	FE	FE
N	23615	23615	23615	23615

续表

变量	(1)	(2)	(3)	(4)
R^2			0.0669	0.0857

注：＊＊＊、＊＊、＊分别表示统计值在1％、5％、10％的显著性水平下显著，括号内数值为 t 统计量。

6.3.2 稳健性检验

为对上述结论的稳健性进行确认，本书利用缩尾处理、缩短样本时间、放宽因变量衡量方式等，从多个角度进行验证。具体结果见表6-3。其中，模型（1）和模型（2）对所有连续变量1％的极大值和1％的极小值进行缩尾异常值处理，以避免异常值和非随机值对结果的有偏影响；模型（3）和模型（4）剔除了2007年和2018年的样本，缩减样本时间范围以消除样本时间选择造成的影响；考虑到数据记录偏差对企业对外直接投资（OFDI）识别结果的影响，模型（5）和模型（6）调整了被解释变量企业海外投资的识别条件，认为只要在满足上述前两个条件的基础上，其货币类型是除人民币以外的其他外币币种，就视为该企业进行了海外投资。结果显示，资本错配的回归系数符号和显著性水平均未发生变化，说明本书的基本研究结论是可靠的，即资本错配在总体上有利于提高企业的海外投资水平。

表6-3 稳健性检验

变量	(1) 缩尾处理	(2) 缩尾处理	(3) 缩减时间	(4) 缩减时间	(5) 替换因变量	(6) 替换因变量
MISK	0.5640＊＊＊ (2.87)	0.4762＊＊ (2.45)	0.5624＊＊＊ (2.69)	0.5028＊＊ (2.42)	0.7123＊＊＊ (3.18)	0.6063＊＊＊ (2.73)
ln$size$		0.7443＊＊＊ (14.64)		0.7386＊＊＊ (15.30)		0.9528＊＊＊ (18.62)
Lev		1.1316＊＊＊ (5.39)		0.1372＊＊ (2.52)		0.0969＊＊ (2.37)
ROA		-0.1662 (-0.35)		0.1409＊ (1.69)		0.0917 (1.14)

续表

变量	(1) 缩尾处理	(2) 缩尾处理	(3) 缩减时间	(4) 缩减时间	(5) 替换因变量	(6) 替换因变量
$Tobin\ Q$	0.0189 (1.15)		0.0013 (0.16)		0.0134 (1.63)	
Fix		0.4880** (2.01)		0.3510 (1.42)		0.7689*** (2.88)
$Top10$		-0.0102*** (-4.14)		-0.0151*** (-6.08)		-0.0215*** (-7.95)
$Invest$		-0.6596 (-1.36)		-0.3007 (-0.65)		-1.1798** (-2.29)
$liquidiy$		0.0077 (0.63)		-0.0060 (-1.07)		-0.0117* (-1.80)
$Duality$		-0.1144* (-1.68)		-0.1409** (-2.01)		-0.1837** (-2.36)
$State$		-0.4985*** (-3.35)		-0.4945*** (-3.10)		-0.5486*** (-3.23)
$Mhold$		0.0179*** (3.38)		0.0109** (1.99)		0.0151** (2.51)
C	-0.0496 (-0.57)	-8.8458*** (-14.40)	0.1096 (1.35)	-7.7912*** (-13.42)	0.3801*** (3.81)	-9.6944*** (-15.59)
N	23615	23615	21450	21450	23615	23615
R^2	0.0669	0.0859	0.0632	0.0795	0.0360	0.0571

注：同表6-2。

6.3.3 内生性讨论

本书研究结论一个可能受到质疑的地方在于，作为被解释变量的对外直接投资可能反过来影响作为核心解释变量的资本错配，即存在逆向因果关系。具体地，在以外向型经济为导向的政策环境中，政府补贴和税负减免等非市场规律推动的企业国际化行为，在加快中国企业"走出去"的同时，也在一定程度上恶化了企业间资本使用成本的"不平等"，造成企业资本边际收益与市场均衡价格之间的偏离，致使资本错配越发严重。这意味着资本错配的加剧是行业内企业海外直接投资行为变动的结果,本书的结果存在内生性偏误。为了排除这一干扰,首先,借鉴 Acemoglu 等(2003)、杜勇等(2019)的做法,选取资本错配的滞后一期作为其工具变量。一方面,当期的资本错配与滞后一期的资本错配密切相关,是当期资本错配的"历史变量",同时又不直接影响当期的企业海外投资行为。另一方面,假使存在反向因果关系,企业当期的海外投资行为对资本错配的影响也更多表现在本期,对上一期的资本错配来说影响相对较弱。其次,利用该企业所在同一行业内其他企业的资本扭曲计算资本错配,将其作为核心解释变量的工具变量(Kim et al., 2016;彭俞超等,2018)。因为同行业其他企业的资本错配平均值与该企业的资本错配水平相关,但并不直接影响该企业海外投资行为,这一构建策略可以看作将影响该企业金融化行为中相对外生的部分"剥离"出来。表6-4报告了采用工具变量两阶段最小二乘法(2SLS)的回归结果,可以发现,资本错配对企业海外直接投资的影响系数依然显著为正,表明内生性问题对本书的研究结论影响微弱。

表 6-4 内生性检验

变量	(1) MISK 第一阶段	(2) OFDI 第二阶段	(3) MISK	(4) OFDI 第二阶段
MISK		0.4924 *** (3.47)		0.4795 ** (2.36)
L. MISK	0.5622 *** (101.51)			
MISKOTH			0.9239 *** (465.89)	
lnsize	0.0030 ** (2.31)	0.8140 *** (18.14)	0.0003 (0.62)	0.8141 *** (18.16)
Lev	-0.0050 *** (-4.78)	0.1013 *** (2.83)	-0.0019 *** (-5.15)	0.1012 *** (2.83)
ROA	-0.0057 *** (-2.76)	0.0908 (1.29)	-0.0023 *** (-3.10)	0.0906 (1.29)

续表

变量	(1) MISK 第一阶段	(2) OFDI 第二阶段	(3) MISK	(4) OFDI 第二阶段
$Tobin\ Q$	0.0004 * (1.76)	0.0067 (0.93)	0.0004 *** (5.03)	0.0067 (0.93)
Fix	0.0052 (0.75)	0.5270 ** (2.25)	-0.0089 *** (-3.61)	0.5271 ** (2.25)
$TOP10$	-0.0002 *** (-2.70)	-0.0133 *** (-5.59)	0.0000 (1.26)	-0.0133 *** (-5.60)
$Invest$	-0.0484 *** (-3.64)	-0.7911 * (-1.75)	-0.0064 (-1.35)	-0.7917 * (-1.75)
$Liquidity$	0.0001 (0.38)	-0.0067 (-1.17)	0.0001 (1.22)	-0.0067 (-1.17)
$Duality$	0.0031 (1.55)	-0.1115 (-1.64)	-0.0005 (-0.69)	-0.1115 (-1.63)
$State$	-0.0022 (-0.50)	-0.5001 *** (-3.36)	-0.0040 ** (-2.56)	-0.5002 *** (-3.36)
$Mhold$	-0.0001 (-0.96)	0.0160 *** (3.04)	-0.0001 * (-1.79)	0.0160 *** (3.04)
识别不足检验		6826.231 (0.00)		1.8e+04 (0.00)
弱工具变量的检验		1.0e+04 (0.00)		2.2e+05 (0.00)
N	23250	23250	23250	23250
R^2		0.0857		0.0857

注：第一阶段括号中数值是 t 统计量，第二阶段括号中数值是 z 统计量。在本书的具体实践中，识别不足检验和弱工具变量检验利用 Anderson canon. corr. LM statistic 统计量进行检验。

6.3.4 异质性分析

为考察资本错配究竟影响了哪些企业的海外投资水平，根据企业所有权性质、要素密集度和规模大小进行分组检验。

(1) 按企业所有制形式分类的回归分析

对于不同产权性质的企业来说，资本错配对其海外投资的影响也可能存在差异。从表6-5可以看出，资本错配显著提升了国内企业的海外投资水平，对外资企业不存在显著作用。相较于民营企业，资本错配对国有企业海外投资的提升作用更大。原因可能正如前文所强调的，一方面，国有企业和政府之间存在天然的"血缘关系"。以国有大型银行为主导的金融体系，使得国有企业获得外部低成本资金的可能性较高，企业具备"走出去"的所有权优势（Cui and Jiang，2018；张璇等，2017）。另一方面，资本错配也在一定程度上提高了部分民营企业获取资本的成本和信贷难度（靳来群等，2015），催生和增强了民营企业进行海外投资的动机，让有能力的民营企业直接参与到国际化分工中，在世界范围内寻求发展机会。

表6-5 资本错配对不同所有制企业海外投资的异质性影响

变量	(1) 国有企业	(2) 国有企业	(3) 民营企业	(4) 民营企业	(5) 外资企业	(6) 外资企业
MISK	0.6246* (1.88)	0.6253* (1.89)	0.5684** (2.29)	0.5084** (2.07)	-0.2567 (-0.50)	-0.5220 (-1.03)
lnsize		0.7182*** (7.16)		0.8122*** (15.75)		0.6924*** (3.43)
Lev		0.9027*** (2.89)		0.0971** (2.09)		1.9603*** (2.93)
ROA		0.5264 (1.37)		0.0925 (1.32)		0.6032 (0.52)
Tobin Q		0.0098 (0.33)		0.0043 (0.60)		0.0118 (0.25)
Fix		0.5400 (1.27)		0.2736 (0.98)		1.0958 (1.33)
Top10		-0.0032 (-0.61)		-0.0167*** (-6.36)		-0.0247*** (-2.70)
Invest		-1.1415 (-1.27)		-0.1975 (-0.42)		0.9545 (0.62)

续表

变量	(1) 国有企业	(2) 国有企业	(3) 民营企业	(4) 民营企业	(5) 外资企业	(6) 外资企业
$Liquidity$		0.0160 (0.61)		-0.0041 (-0.87)		0.0061 (0.37)
$Duality$		0.0311 (0.20)		-0.2025*** (-3.00)		0.3201 (1.44)
$State$		. .		-0.7049 (-0.86)		0.5149 (0.40)
$Mhold$		0.0233** (2.11)		0.0183*** (3.25)		-0.0349** (-2.22)
C	0.1324 (0.95)	-9.4855*** (-7.59)	-0.2890** (-2.45)	-8.6334*** (-14.17)	-0.0073 (-0.02)	-7.6705*** (-3.22)
N	9896	9896	12518	12518	1378	1378
R^2	0.0328	0.0427	0.1270	0.1559	0.1491	0.1855

注：同表6-2。

(2) 按要素密集度分类的回归分析

在劳动、资本和技术密集型行业中，资本要素的投入和重要性存在差异，相应地，资本错配对其海外投资的影响也可能存在不同。基于证监会公告〔2012〕31号《上市公司行业分类指引》行业分类标准，借鉴鲁桐和党印（2014）、肖忠意和林琳（2019）的行业分类方法，在剔除金融类、房地产行业后，根据上市企业所属行业将其进一步归类为劳动密集型、资本密集型和技术密集型企业，考察不同要素密集度分组下资本错配对上市企业海外投资的影响。表6-6结果显示，无论是否加入控制变量，资本错配均至少在10%的显著性水平上提高了资本密集型企业和技术密集型企业的海外投资水平，而对劳动密集型企业无显著作用。可能的原因在于，相比于更依赖劳动力以及其他非资本因素的劳动密集型行业企业，资本和技术密集型企业需要大量资本投入以进行固定资产投资、研发等生产性活动，其对资本要素价格的变化也更加敏感。因此，当国内资本不能按照市场机制有效配置时，该类企业通过海外投资方式获取生产要素的需求动机也会增加，从而表现出海外投资水平的上升。

表 6-6 资本错配对不同要素密集度行业企业海外投资的异质性影响

变量	(1) 劳动密集型	(2) 劳动密集型	(3) 资本密集型	(4) 资本密集型	(5) 技术密集型	(6) 技术密集型
MISK	0.1578 (0.52)	0.0685 (0.23)	0.8380** (2.46)	0.7572** (2.23)	0.7905* (1.68)	0.7856* (1.68)
lnsize		0.7027*** (8.43)		0.9394*** (8.93)		0.8113*** (11.87)
Lev		0.1363 (1.42)		0.3640 (1.22)		0.0979** (2.32)
ROA		0.2027 (0.81)		0.4902 (1.23)		-0.2426 (-1.20)
Tobin Q		-0.0038 (-0.25)		0.0514 (1.43)		-0.0002 (-0.02)
Fix		0.6095* (1.66)		1.0108* (1.77)		0.1153 (0.32)
Top10		-0.0182*** (-4.09)		-0.0178*** (-3.18)		-0.0037 (-1.10)
Invest		-1.0510 (-1.32)		0.5826 (0.53)		-1.4104** (-2.24)
Liquidity		-0.0349** (-2.35)		0.0097 (0.89)		-0.0093 (-1.19)
Duality		-0.0341 (-0.26)		-0.1029 (-0.61)		-0.1295 (-1.46)
State		-0.3172 (-1.13)		-0.6693** (-2.04)		-0.4719** (-2.26)
Mhold		0.0293*** (3.05)		0.0289** (2.39)		-0.0004 (-0.05)
C	0.0995 (0.67)	-7.6027*** (-7.69)	0.0949 (0.49)	-10.9026*** (-8.38)	-0.2754** (-1.98)	-9.1539*** (-10.98)
N	6709	6709	5288	5288	11618	11618
R^2	0.0491	0.0694	0.0574	0.0808	0.0889	0.1055

注：同表 6-2。

(3) 按企业规模分类的回归分析

表 6–7 中，以企业总资产的平均数作为分割点，将总样本分为大企业和小企业，分别检验资本错配对不同规模企业海外投资的影响。回归结果表明，资本错配对大规模企业的海外投资水平显著为正，对小企业不显著，即资本错配提升了大企业海外投资，促进了大企业"走出去"，而对小企业的海外投资没有影响。海外投资作为一项资本输出活动，融资能力的强弱会直接影响企业的对外投资行为（李磊、包群，2015）。在当前中国资本要素市场改革滞后、金融市场不完备和制度扭曲的背景下，资本错配使得同一行业内不同企业间的资本使用成本离散程度进一步增大，相较于大规模企业，这无疑会让一些高效率的小企业因为资金成本过高，经营阻力过大而难以"走出去"，因而表现为资本错配对小规模企业海外投资的不显著。

表 6–7 资本错配对不同规模企业海外投资的异质性影响

变量	(1) 大企业	(2) 大企业	(3) 小企业	(4) 小企业
$MISK$	1.3263*** (3.24)	1.2844*** (3.17)	0.0769 (0.77)	0.0157 (0.16)
$lnsize$		1.4462*** (11.44)		0.2980*** (10.23)
Lev		1.6930*** (3.79)		0.0279 (1.34)
ROA		-0.1246 (-0.13)		0.0318 (1.02)
$Tobin\ Q$		-0.0933* (-1.85)		0.0003 (0.11)
Fix		0.7067 (1.29)		0.3629*** (3.11)
$Top10$		-0.0094* (-1.79)		-0.0154*** (-12.07)

续表

变量	(1) 大企业	(2) 大企业	(3) 小企业	(4) 小企业
Invest		−1.2666 (−1.27)		0.3934* (1.84)
Liquidity		−0.0160 (−0.91)		−0.0083*** (−3.62)
Duality		−0.2478* (−1.67)		−0.0308 (−0.92)
State		−0.5949* (−1.74)		−0.2344*** (−3.09)
Mhold		0.0177* (1.65)		0.0031 (1.06)
C	−0.1595 (−0.90)	−18.4680*** (−11.37)	0.1607*** (3.63)	−2.2724*** (−6.74)
N	11681	11681	11934	11934
R^2	0.0776	0.1003	0.0690	0.0995

注：同表6−2。

6.4 资本错配影响了何种海外投资

接下来的问题是，资本错配使得中国上市企业的海外投资更倾向于哪些国家和地区？资本错配究竟提高了哪一类型的海外投资？企业海外投资的动机和特征又如何？为进一步识别资本错配影响了企业哪种类型的海外投资，本部分根据企业海外投资地，将其分为避税和非避税投资、"顺梯度"投资（高收入国家投资）和"逆梯度"投资（中低收入国家投资），并就资本错配与企业海外投资决策之间的关系进行了实证检验。

6.4.1 资本错配与海外投资的避税动机

为检验资本错配所引致的海外投资是否存在避税动机，本书按照企业投资目的地，将海外投资具体划分为避税投资和非避税投资①，进行对比分析。结果如表6-8所示，其中，列（1）和列（2）是资本错配对所有企业海外避税投资和非避税投资总数的影响，列（3）和列（4）是对已有海外投资企业样本的影响。可以发现，相比于非避税天堂投资，资本错配显著提高了企业在避税天堂的投资。这意味着，在国内资本错配的情形下，中国海外投资企业确实存在着利用避税天堂进行国际避税的动机和偏好。由金融发展不完备和制度扭曲等因素所导致的资本错配，使得企业资本使用成本和生产率发生进一步偏离，在这种情形下，资本边际生产率偏高的企业会因不具备制度偏向优势而产生强烈的"走出去"动因，利用海外避税投资以降低企业资金成本，表现出整体上的"投资繁荣"。

表6-8 避税投资与非避税投资的对比分析

变量	(1)	(2)	(3)	(4)
	全部企业		有海外投资的企业	
	避税投资	非避税投资	避税投资	非避税投资
MISK	0.4232 *** (3.43)	0.0647 (0.57)	1.7016 *** (4.26)	0.1617 (0.42)
lnsize	0.4099 *** (14.42)	0.4041 *** (15.37)	0.8169 *** (7.63)	0.9126 *** (8.92)
Lev	0.0493 ** (2.17)	0.0520 ** (2.48)	0.6191 * (1.84)	0.7297 ** (2.27)
ROA	0.0601 (1.35)	0.0306 (0.74)	0.6832 (1.61)	0.4504 (1.11)
Tobin Q	0.0064 (1.40)	0.0003 (0.07)	0.0196 (0.74)	-0.0547 ** (-2.16)
Fix	0.2240 (1.51)	0.3030 ** (2.21)	1.7492 *** (3.11)	1.3344 ** (2.48)
Top10	-0.0049 *** (-3.25)	-0.0084 *** (-6.02)	0.0064 (1.31)	-0.0049 (-1.05)

---

① 参考刘志阔等（2019）研究所采用的处理方法，认为企业海外投资地如果属于OECD界定的42个避税天堂的国家和地区（OECD，2000），就视该投资项目为避税投资。

续表

变量	(1)	(2)	(3)	(4)
	全部企业		有海外投资的企业	
	避税投资	非避税投资	避税投资	非避税投资
$Invest$	-0.4235 (-1.48)	-0.3678 (-1.39)	-1.2316 (-1.34)	-1.1194 (-1.28)
$Liquidity$	-0.0009 (-0.26)	-0.0057* (-1.72)	0.0072 (0.57)	-0.0088 (-0.73)
$Duality$	-0.0224 (-0.52)	-0.0891** (-2.23)	-0.1024 (-0.81)	-0.1582 (-1.30)
$State$	-0.2689*** (-2.85)	-0.2312*** (-2.65)	0.2106 (0.63)	0.3712 (1.16)
$Mhold$	0.0043 (1.28)	0.0118*** (3.80)	-0.0128 (-1.34)	0.0064 (0.70)
C	-4.5976*** (-13.31)	-4.3802*** (-13.71)	-11.3040*** (-8.28)	-11.5947*** (-8.88)
N	23615	23615	7589	7589
R^2	0.0523	0.0679	0.0727	0.1055

注：同表6-2。

6.4.2 资本错配与海外投资区位选择

接下来，根据东道国发展水平的不同，将中国上市企业的海外投资进一步划分为中低收入国家和高收入国家，回归结果见表6-9。可以发现，无论是对全部企业（列1和列2），还是对海外投资企业（列3和列4），资本错配均显著提高了向高收入国家的海外投资，而对中低收入国家的影响不显著。这说明国内资本错配程度越严重，企业越倾向于进入发达经济体进行"逆梯度"投资。可能的原因在于，一方面企业可以通过"逆梯度"投资的负向优势落差，快速获取其所需要的战略资源，提高自身研发创新水平和生产效率，培育更高层次的竞争优势（王桂军、卢潇潇，2019）；另一方面，相比于发展中国家，发达国家的制度发展更为健全，在国内金融环境不利的情况下，部分存在资本劣势但相对成熟的企业会因为想要降低生产经营成本、摆脱母国制度约束而在全球范围内寻求相对更优的制度资源（Kong et al.，2019）。

表6-9 中低收入国家与高收入国家的对比分析

变量	(1) 全部企业	(2) 全部企业	(3) 有海外投资的企业	(4) 有海外投资的企业
	中低收入国家	高收入国家	中低收入国家	高收入国家
MISK	0.0500 (0.89)	0.4383*** (2.58)	0.0672 (0.34)	1.7975*** (3.29)
lnsize	0.0859*** (6.67)	0.7282*** (18.60)	0.2430*** (4.53)	1.4870*** (10.15)
Lev	0.0141 (1.37)	0.0872*** (2.79)	0.1603 (0.95)	1.1878*** (2.58)
ROA	0.0142 (0.71)	0.0765 (1.25)	0.1755 (0.83)	0.9571* (1.65)
Tobin Q	0.0006 (0.28)	0.0061 (0.97)	-0.0044 (-0.33)	-0.0306 (-0.84)
Fix	0.2424*** (3.60)	0.2838 (1.39)	1.7810*** (6.31)	1.2970* (1.68)
Top10	-0.0021*** (-3.08)	-0.0112*** (-5.40)	-0.0016 (-0.67)	0.0031 (0.47)
Invest	-0.1850 (-1.42)	-0.6060 (-1.54)	-0.8318* (-1.81)	-1.5172 (-1.21)
Liquidity	0.0017 (1.01)	-0.0083* (-1.67)	0.0057 (0.90)	-0.0073 (-0.42)
Duality	-0.0335* (-1.71)	-0.0780 (-1.31)	-0.0816 (-1.28)	-0.1793 (-1.03)
State	0.0017 (0.04)	-0.5017*** (-3.86)	0.4829*** (2.88)	0.0997 (0.22)
Mhold	0.0052*** (3.44)	0.0109** (2.36)	0.0027 (0.57)	-0.0089 (-0.68)
C	-1.0372*** (-6.63)	-7.9414*** (-16.70)	-3.6457*** (-5.33)	-19.2596*** (-10.30)

续表

变量	(1)	(2)	(3)	(4)
	全部企业		有海外投资的企业	
	中低收入国家	高收入国家	中低收入国家	高收入国家
N	23615	23615	7589	7589
R^2	0.0242	0.0833	0.0435	0.1201

注：同表6-2。

6.4.3 资本错配与海外投资决策

最后，以上市企业海外投资决策①为被解释变量，使用Probit二值选择模型进一步量化资本错配对企业海外投资决策的影响。结果如表6-10所示，资本错配不仅显著抑制了企业的海外投资决策、非避税投资决策以及其向高收入国家和中低收入国家的投资倾向，而且催生了企业向避税天堂进行避税投资的意愿。从数值来看，资本错配每提高10%，企业避税投资的可能性将提高0.202%。随着国内资本错配程度的加重，同一行业内不同企业间的资本使用成本差距将进一步增大，大多企业将面临更加严峻的融资形势，企业海外投资的难度也随之增大。因而，客观上会减少企业的海外投资决策，并强化企业避税投资决策动机。

表6-10 资本错配对不同海外投资决策的影响

变量	(1) 海外投资决策	(2) 避税投资决策	(3) 非避税投资决策	(4) 高收入国家投资决策	(5) 中低收入国家投资决策
MISK	-0.1528** (-2.19)	0.0202** (2.28)	-0.4376*** (-5.42)	-0.1369* (-1.95)	-0.2026** (-1.97)
ln$size$	0.3800*** (38.98)	0.3735*** (37.68)	0.3354*** (30.30)	0.3790*** (38.89)	0.3094*** (23.44)

---

① 根据企业是否存在海外投资，构建海外投资决策的虚拟变量。具体地，如果企业当年的OFDI>0，则认为企业进行了海外投资决策，赋值为1，否则赋值为0。与之相类似，进一步将海外投资决策进行分类，构建避税投资决策和非避税投资决策、高收入国家投资决策和中低收入国家投资决策。需要说明的是，若被解释变量是取值为0或1的二元离散变量，为准确估计资本错配对海外投资决策发生概率的影响，本书选择Probit模型进行估计。

续表

变量	(1) 海外投资决策	(2) 避税投资决策	(3) 非避税投资决策	(4) 高收入国家投资决策	(5) 中低收入国家投资决策
Lev	-0.0400 (-1.42)	-0.0359 (-1.44)	-0.3612*** (-5.20)	-0.0555** (-1.96)	0.0462 (0.86)
ROA	-0.0604 (-1.33)	-0.0433 (-0.88)	-0.4981*** (-5.18)	-0.0761* (-1.65)	0.0184 (0.25)
$Tobin\ Q$	0.0103*** (2.76)	0.0147*** (4.10)	0.0016 (0.28)	0.0130*** (3.55)	-0.0041 (-0.53)
Fix	-0.6065*** (-9.71)	-0.5781*** (-8.87)	-0.4157*** (-5.86)	-0.5691*** (-9.05)	-0.3756*** (-4.21)
$Top10$	-0.0064*** (-10.36)	-0.0047*** (-7.28)	-0.0059*** (-8.51)	-0.0064*** (-10.31)	-0.0039*** (-4.35)
$Invest$	0.4974** (2.51)	0.4062* (1.95)	0.7364*** (3.34)	0.5469*** (2.74)	-0.2556 (-0.85)
$Liquidity$	-0.0040* (-1.69)	-0.0006 (-0.26)	-0.0232*** (-5.35)	-0.0027 (-1.15)	-0.0245*** (-3.40)
$Duality$	0.0254 (1.12)	0.0516** (2.18)	0.0239 (0.95)	0.0342 (1.50)	-0.0548 (-1.64)
$State$	-0.3687*** (-15.39)	-0.3553*** (-14.15)	-0.2820*** (-10.59)	-0.3748*** (-15.52)	-0.2069*** (-6.14)
$Mhold$	0.0179*** (12.20)	0.0136*** (8.84)	0.0207*** (12.31)	0.0179*** (12.09)	0.0144*** (6.62)
C	-4.6272*** (-35.43)	-4.8904*** (-36.72)	-4.4430*** (-30.83)	-4.6704*** (-35.72)	-4.9783*** (-28.01)
N	21138	21138	21138	21138	21138

注：同表6-2。

6.5 进一步的考察：资本错配引致的海外直接投资挤出了国内投资吗

与发达国家企业 OFDI 出于利润最大化和资本优化配置的动机不同，

中国企业的对外直接投资有着独特的制度背景，更是肩负着国内资源供给、技术获取和产业结构升级等重任（吴先明、黄春桃，2016；薛新红、王忠诚，2017）。前文研究表明，资本错配显著提高了企业的海外投资水平，但与此同时也明显助推了其向避税天堂投资以及避税投资决策。那么，由资本错配所引致的海外直接投资对国内投资会产生怎样的影响？是"支持效应"抑或是"挤出效应"？

从中国企业"走出去"的现实情况来看，母国金融市场的不完善使得大部分企业仍面临较为严重的融资约束（张璇等，2017；蒋冠宏、曾靓，2020），即有限的资本必须在对外直接投资和国内投资之间进行分配。在资本稀缺的情况下，资本配错必然使得资本的整体生产效率受到损失。对于选择对外直接投资的企业来说，如果其能够从全球价值链的延伸中引进诸如技术、管理、品牌、人力资本以及客户资源等战略性资源，获得逆向技术溢出，这无疑会带动企业效率和竞争力的提升，对国内投资产生积极影响（宫汝凯、李洪亚，2016）。相反，如果企业的对外直接投资只是为了绕开母国的制度约束或贸易壁垒等所带来的较高交易成本和经营压力，而没有在实质上弥补自身竞争劣势和弱点，则海外直接投资引起的资本外流，只会进一步加剧国内资本市场的流动性约束，抑制国内投资。本书认为，资本要素市场扭曲所造成的差别待遇，一方面引致和推动了海外投资繁荣，另一方面又在一定程度上违背了市场"优胜劣汰"的竞争机制，会对不同类型企业的国内投资产生异质性影响。

为考察这一问题，构建有关资本错配、海外投资对国内投资的回归方程，通过引入资本错配与企业对外直接投资（OFDI）的交互项，得到二者在影响国内投资上的相互作用。具体模型如下：

$$DJ_{tfi} + \beta_0 + \beta_1 MISK_{tfi} + \beta_2 OFDI_{tfi} + \beta_3 MISK \times OFDI_{tf} + \beta_4 CTRL + \varepsilon_{tfi}$$

$$(6-2)$$

式（6-2）中，OFDI 是企业的国内投资，在满足前文条件①、②的基础上，将关联方注册地在中国内地的视为该企业的国内投资。其他变量与前文定义相一致。主要观察 $MISK \times OFDI$ 的系数 β_3，它反映了资本错配与海外投资对国内投资的相互影响。

6.5.1 资本错配和海外投资对国内投资的影响

表 6-11 报告了相关的实证结果，其中资本错配的一次项显著为正，说明资本错配有利于企业国内投资水平的提高，可能原因在于，资本错配程度的加剧会让企业间的资本使用成本变得更加"不公"，大部分企业进行海外投资的门槛和难度进一步攀升，变相阻碍企业国际化进程，间接促进企业国内投资水平提高。海外投资的一次项也显著为正，说明企业海外投资与国内投资正相关，企业的海外投资越多，其国内投资也越多。一个发展状况良好的企业其海外投资不仅没有挤出国内投资，反而会带动国内投资的增长。资本错配与海外投资的交互项系数显著为负，表明资本错配对企业国内投资的影响与海外投资对国内投资的影响具有相互削弱的性质。一方面，资本错配对国内投资的正向作用会随着企业海外投资水平的提高而有所下降；另一方面，海外投资对国内投资的挤出作用会随着资本错配程度的加重而越发明显。

表 6-11 对国内投资的影响

变量	(1)	(2)	(3)	(4)
MISK × OFDI	-2.3133*** (-14.91)	-2.2654*** (-14.18)	-2.0585*** (-13.82)	-2.1017*** (-13.48)
OFDI	2.2047*** (48.87)	2.0762*** (43.81)	1.8961*** (43.41)	1.9033*** (40.90)
MISK	5.1092*** (6.19)	2.7314*** (3.10)	2.7515*** (3.48)	2.0739** (2.41)
lnsize			6.2264*** (43.95)	5.9454*** (30.41)
Lev			0.5944*** (3.92)	0.5587*** (3.61)
ROA			0.4313 (1.44)	0.4949 (1.63)
Tobin Q			0.0894*** (2.98)	0.0785** (2.53)

续表

变量	（1）	（2）	（3）	（4）
Fix			-1.5282* (-1.82)	4.6803*** (4.62)
$Top10$			-0.1139*** (-13.32)	-0.0832*** (-8.10)
$Invest$			-2.3865 (-1.29)	1.4092 (0.72)
$Liquidity$			0.0024 (0.10)	0.0431* (1.75)
$Duality$			0.0639 (0.24)	-0.0036 (-0.01)
$State$			0.2303 (0.56)	0.3463 (0.54)
$Mhold$			0.0477** (2.47)	0.0769*** (3.37)
C	1.9918*** (4.43)	4.1122*** (10.69)	-64.2623*** (-36.86)	-64.4825*** (-27.19)
Model	RE	FE	RE	FE
N	23615	23615	23615	23615
R^2		0.2291		0.2677

注：同表6-2。

6.5.2 资本错配和海外投资对不同所有制企业国内投资的影响

同样地，考察这一挤出效应在不同所有制企业中是否存在差异。表6-12结果显示，资本错配与企业海外投资的交乘项在国有企业、外资企业中显著为负，在民营企业中显著为正。这意味着，随着资本错配程度的加重，海外投资会显著"挤出"国有企业、外资企业的国内投资。而对于民营企业来说，资本错配对国内投资的负向作用会随着企业海外投资水平的提高而有所缓解。从一定程度来讲，资本错配所导致的企业间资本边际报酬方差增大，会进一步增加民营企业制度性交易成本，让其实体投资变得"举步维艰"。通过海外投资引进先进技术，提高生产效率，获得竞争优势，成为民营企业弱化资本错配对其国内投资负向影响的一个重要途径。

表6-12 对不同所有制企业国内投资的影响

变量	(1) 国有企业	(2) 国有企业	(3) 民营企业	(4) 民营企业	(5) 外资企业	(6) 外资企业
$MISK \times OFDI$	-3.5356*** (-17.19)	-3.4552*** (-17.15)	0.5364* (1.91)	0.4907* (1.78)	-2.4688*** (-5.07)	-2.2032*** (-4.63)
$OFDI$	2.2654*** (36.10)	2.2134*** (35.36)	1.7487*** (23.81)	1.5540*** (21.40)	1.3545*** (7.61)	1.1580*** (6.59)
$MISK$	3.8037*** (3.26)	3.6120*** (3.16)	-2.5664* (-1.72)	-3.1170** (-2.12)	7.9660*** (4.18)	5.9393*** (3.18)
$\ln size$		6.1126*** (17.89)		5.8568*** (19.60)		5.6254*** (7.69)
Lev		0.9798 (0.92)		0.1730 (0.65)		2.1174 (0.87)
ROA		0.1778 (0.14)		0.0383 (0.10)		3.5206 (0.85)
$Tobin\ Q$		0.2270** (2.26)		0.0885** (2.14)		0.3173* (1.83)
Fix		1.6624 (1.15)		9.1655*** (5.72)		1.5093 (0.51)
$Top10$		-0.0976*** (-5.50)		-0.0746*** (-4.95)		-0.0992*** (-2.99)
$Invest$		-5.3180* (-1.73)		6.7270** (2.49)		4.6083 (0.83)
$Liquidity$		-0.0442 (-0.49)		0.0705*** (2.60)		0.0907 (1.52)
$Duality$		-0.5249 (-1.00)		0.4052 (1.05)		-0.9318 (-1.16)
$State$				-6.5243 (-1.39)		0.9488 (0.20)
$Mhold$		0.0805** (2.15)		0.0562* (1.75)		0.1573*** (2.76)

续表

变量	(1) 国有企业	(2) 国有企业	(3) 民营企业	(4) 民营企业	(5) 外资企业	(6) 外资企业
C	7.3160*** (15.09)	-65.6523*** (-15.42)	2.3125*** (3.39)	-63.1924*** (-17.93)	3.4131*** (2.90)	-60.8592*** (-7.04)
N	9896	9896	12518	12518	1378	1378
R^2	0.2518	0.2841	0.2272	0.2601	0.2245	0.2837

注：同表6-2。

6.5.3 资本错配和海外投资对不同要素密集度企业国内投资的影响

从不同行业看，在控制资本错配以及海外投资的主效应后，交乘项的系数均在1%的水平上显著为负（结果见表6-13），这表明资本错配的加剧抑制了企业海外投资对国内投资的正向影响，即资本错配越严重，海外投资对企业国内投资的挤出作用越大。对比不同行业的交乘项系数，可以发现由资本错配所引致的海外投资对国内投资的"挤出"在劳动密集型行业企业最为严重，其次是资本密集型、技术密集型行业企业。可见，资本错配所引致的国外投资增加确实抑制了国内投资，且这一影响具有经济显著性。

表6-13 对不同要素密集度企业国内投资的影响

变量	(1) 劳动密集型	(2) 劳动密集型	(3) 资本密集型	(4) 资本密集型	(5) 技术密集型	(6) 技术密集型
$MISK \times OFDI$	-5.3564*** (-13.72)	-4.7412*** (-12.35)	-1.0523*** (-3.64)	-1.2063*** (-4.32)	-1.6267*** (-5.40)	-1.0303*** (-3.51)
$OFDI$	2.7398*** (19.50)	2.3891*** (17.16)	2.7579*** (28.31)	2.5724*** (27.16)	1.5551*** (24.81)	1.3583*** (22.19)
$MISK$	6.1200*** (4.06)	5.0933*** (3.45)	-2.4158 (-1.28)	-2.8558 (-1.55)	-0.8949 (-0.64)	-1.3588 (-1.01)
$\ln size$		5.9346*** (14.43)		9.0053*** (16.36)		4.4920*** (22.94)

续表

变量	(1) 劳动密集型	(2) 劳动密集型	(3) 资本密集型	(4) 资本密集型	(5) 技术密集型	(6) 技术密集型
Lev		0.7969 * (1.69)		1.1269 (0.73)		0.5548 *** (4.64)
ROA		0.6420 (0.53)		1.7447 (0.85)		-0.1430 (-0.25)
$Tobin\ Q$		0.0035 (0.05)		0.7174 *** (3.84)		0.0737 ** (2.11)
Fix		7.1263 *** (3.97)		3.6541 (1.24)		4.6670 *** (4.58)
$Top10$		-0.1334 *** (-6.11)		-0.1415 *** (-4.86)		-0.0905 *** (-9.43)
$Invest$		-4.4143 (-1.14)		10.9113 * (1.93)		2.8485 (1.60)
$Liquidity$		0.0155 (0.21)		0.0245 (0.43)		0.0271 (1.23)
$Duality$		0.0038 (0.01)		0.1469 (0.17)		-0.0967 (-0.38)
$State$		-1.2053 (-0.88)		-1.0619 (-0.62)		1.8704 *** (3.15)
$Mhold$		0.1222 *** (2.60)		0.1943 *** (3.10)		0.0070 (0.34)
C	7.6354 *** (10.39)	-59.9093 *** (-12.32)	4.7044 *** (4.57)	-1.0e+02 *** (-15.08)	2.7207 *** (6.71)	-46.0128 *** (-19.31)
N	6709	6709	5288	5288	11618	11618
R^2	0.1753	0.2150	0.2876	0.3372	0.3095	0.3535

注：同表6-2。

6.5.4 资本错配和海外投资对不同规模企业国内投资的影响

对于不同规模的企业来说，资本错配所引致的海外投资对大、小企业的国内投资均有明显"挤出"作用，且这一影响对大规模企业更大。从数值来看，当资本错配取均值时（资本错配的均值为0.118，即

11.8%),大企业的海外投资每提高1个百分点,其国内投资因资本错配而平均降低(-1.0303×0.118)个百分点(见表6-14)。原因可能在于,一是相较于大企业,小企业往往面临着更为严重的制度资源劣势。资本错配提高了部分小企业进行海外投资的难度,使其难以迈过"走出去"门槛,因而表现为影响程度较小。二是资本错配所产生的"用资成本不平等"和国外的比较制度优势,催化了企业的"制度性逃离"动机,而且大企业的风险应对能力和学习更强,"走出去"的可能性也较高,因而表现出相对更大的挤出作用。

表6-14 对不同规模企业国内投资的影响

变量	(1) 大企业	(2) 大企业	(3) 小企业	(4) 小企业
MISK × OFDI	-2.4633 *** (-10.99)	-2.2753 *** (-10.40)	-1.6170 *** (-5.81)	-1.4662 *** (-5.42)
OFDI	2.0994 *** (31.59)	1.9269 *** (29.48)	1.4804 *** (16.73)	1.2145 *** (13.96)
MISK	3.2867 * (1.84)	2.4316 (1.39)	2.4512 *** (3.90)	2.0393 *** (3.34)
lnsize		11.4535 *** (21.64)		3.7710 *** (21.09)
Lev		-3.7417 ** (-2.02)		0.4167 *** (3.29)
ROA		-0.6652 (-0.16)		0.3425 * (1.81)
Tobin Q		0.5387 ** (2.57)		-0.0054 (-0.29)
Fix		9.9274 *** (4.35)		2.6525 *** (3.73)
Top10		-0.1510 *** (-6.91)		-0.0565 *** (-7.18)
Invest		4.9426 (1.19)		1.2158 (0.93)

续表

变量	（1） 大企业	（2） 大企业	（3） 小企业	（4） 小企业
$Liquidity$		0.0790 (1.09)		-0.0222 (-1.59)
$Duality$		0.0337 (0.05)		0.0739 (0.36)
$State$		1.5789 (1.11)		-0.8285* (-1.79)
$Mhold$		0.0722 (1.62)		0.0244 (1.38)
C	6.5078*** (8.65)	-1.4e+02*** (-19.89)	2.4131*** (8.78)	-37.3647*** (-18.14)
N	11681	11681	11934	11934
R^2	0.2410	0.2807	0.1477	0.1991

注：同表6-2。

6.6 本章小结

进一步提升中国对外开放水平，形成对外开放新格局，对于重塑中国经济结构与发展动力具有重要意义。资本作为企业对外直接投资的核心要素，其配置效率的高低直接关系到企业OFDI质量的提高。本章基于2007—2018年中国A股上市企业数据，以广泛存在的资本错配为切入点，在测算资本错配的基础上，考察了资本错配对中国企业OFDI的影响。研究发现：

第一，整体上，资本错配促进了中国企业对外直接投资水平的提升，且这一作用对国内企业、资本和技术密集型企业以及大规模企业更加明显。平均而言，资本错配每上升0.1个单位，企业海外投资水平就会提高4.88个百分点。资本错配的加剧使得微观企业主体间的资本使用成本差距进一步增大，对于资本边际收益产品低的企业，其资本使用成本更低，在"走出去"政策的鼓励下，资本使用成本的变低会驱使企业进行海外投资，提高企业海外投资意愿。对于资本边际收益产品高的企业，其资本使用成本较高，企业是否进行海外投资，权衡于其进入海外市场所产生的成本与收益。

第二，资本错配显著正向影响了企业的避税投资和"逆梯度"投资，对非避税投资和"顺梯度"投资则没有影响。这意味着，在国内资本错配的情形下，中国海外投资企业一方面确实存在着利用避税天堂进行国际避税的动机和偏好；另一方面也存在着通过"逆梯度"投资的负向优势落差，快速获取技术等战略资源，培育更高层次的竞争优势动机或者相对更优的制度资源的寻求动机。

第三，资本错配在显著降低了企业对外直接投资决策、非避税投资决策以及其向高收入国家和中低收入国家投资倾向的同时，显著提高了企业的避税投资意愿。国内资本错配程度的加重，会让同一行业内不同企业间的资本使用成本差距进一步增大，在恶化大多企业融资形势，提高企业海外投资的难度，降低企业海外直接投资可能性的同时，也在一定程度上强化了企业的避税投资决策动机。

第四，资本错配对企业国内投资的影响与海外投资对国内投资的影响存在相互削弱作用，资本错配对国内投资的正向影响会随着企业海外投资水平的提高而下降。由资本错配引致的对外直接投资显著"挤出"和替代了国内投资，并在劳动密集型行业企业、大规模企业中影响更大。对于民营企业来说，资本错配对国内投资的负向作用会随着企业海外投资水平的提高而有所缓解。

上述结果表明，虽然金融市场改革滞后导致的资本错配让一部分企业因资本使用成本过低而获得了对外直接投资的比较优势，推动了国内技术升级和其他战略资源的获取，但这种由资本错配维持的企业国际化竞争优势并不具备可持续性，且进一步恶化了企业间的要素禀赋结构，在推高弱势企业经营和交易成本，制约其"走出去"的同时，又加速了其制度逃离的国际化动因。因此，深化金融体制改革，推动要素市场化配置，最大限度地建立有利于企业"走出去"的长期制度环境和开放型金融支撑体系，是降低企业避税投资倾向、减少中国资本外逃的关键所在。

另外，全方位高层次地推进对外开放进程，还需要统筹国内国际"两个大局"，实现国内市场和海外市场战略的双元平衡。政府在积极实施对外直接投资发展战略的同时，一方面应加快现代金融体系建设和区域金融合作，通过完善国内经济制度、投资环境以及相应的基础设施建设，提高资金配置效率，为企业的国内投资搭建良好平台，降低企业海外投资对母国投资的挤出和转移效应；另一方面，也应积极鼓励和扶持有能力的优秀民营企业通过并购和股权合资等形式，获取国外先进技术和战略性资源，带动国内投资、生产以及经济增长，实现 OFDI 与国内投资的良性互动。

7 资本错配对企业实际税负影响的实证分析

"减税降费"政策的发挥成效离不开市场机制的有效配合。基于中国资本要素价格扭曲的典型事实,本章利用中国 A 股上市企业数据,从资本结构性配置视角首次评估了资本错配对企业实际税率的影响,并就资本错配背景下企业为降低实际税负而可能采取的"避税"措施进行分析。具体地,通过引入资本错配与企业 OFDI、企业创新、企业金融化以及政府补贴的交互项,考察二者对企业实际所得税税率的相互作用,为更深刻地理解当前企业行为动机提供了直接证据。

7.1 问题提出

"减税降费"是有效激发市场主体活力、促进经济社会高质量发展的重要举措。2016 年,国务院政府工作报告明确提出当年减税目标;2018 年 9 月,国家税务总局印发《关于进一步落实好简政减税降负措施更好服务经济社会发展有关工作的通知》。2019 年 1 月,财政部、税务总局发布《关于实施小微企业普惠性税收减免政策的通知》,针对小微企业推出新的普惠性减税措施,旨在发挥税收调节作用,增强经济发展信心。同年 12 月,中央经济工作会议明确强调"积极的财政政策要加力提效,实施更大规模的减税降费。"由此可见政府"降成本"的决心。

然而,从现状来看,中国企业的实际税负仍然呈现出普遍较重的特点,约有 90% 的财政收入源于企业所缴税负(高培勇,2015)。根据世界银行数据，2018年中国企业税占利润总额比重达到64.9%，高于绝大多数国家。仅所得税一项就占到了其税前利润的四分之一（邹萍，2018）。税负较重、经营成本过高，以及经济下行压力的增大，使得企业的生存和盈利变得越发艰难。另外，还有研究发现，中国上市企业所得税实际税率呈现出上升趋势，地方税收目标逆势增长、与经济税源发生偏离等异常现象（白云霞等，2017）。这不禁让我们思考，究竟是什么因素阻碍了中央政府减税降负政策的进一步落实？

结合中国特殊的政治经济制度背景，既有文献对影响企业税收负担的因素进行了较为充分和全面的探索，认为企业的税负不仅受到自身治理水平、要素禀赋、产权性质等因素的影响（刘骏、刘峰，2014；Zhang et al.，2016），还与其所处的制度环境、宏观经济形势、金融发展以及政府行为等外界因素密切相关（刘行、叶康涛，2014；刘慧龙、吴联生，2014）。例如，现有研究发现，不同产权性质下的企业受到地方政府"税收攫取"影响的程度存在差异。当地方政府遭遇财政困境、税收计划压力过大时，其"攫取之手"往往更倾向于伸向辖区内非国有企业（黄策、张书瑶，2018；白云霞等，2019）。上市企业的政治关系可以显著降低其所承担的实际税负（罗党论、杨玉萍，2013）。在给定宏观税负的条件下，僵尸企业对正常企业的实际所得税税率具有扭曲效应，地方财政压力越大，"鞭打快牛"的现象越严重（李旭超等，2018）。由此可见，单单依靠降低企业法定税率，并不能达到有效降低企业实际税负的预期目标。"减税降费"的政策效果，也依赖于资源配置效率的提高、国企改革以及金融体制改革等其他方面的有效配合。

事实上，中国金融市场改革滞后、资本价格长期存在负向扭曲的典型事实已成为制约中国经济高质量发展中一块不容忽视的"绊脚石"（王宁、史晋川，2015；纪洋等，2016；简泽等，2018）。通过对中国资源配置效率的测算、分解和对比，大量学者证实了要素资源配置扭曲所造成的加总全要素生产率损失以及其对经济增长、社会整体福利的不良影响（Restuccia and Rogerson，2008；Hsieh and Klenow，2009；Brandt et al.，2013；龚关、胡关亮，2013；陈诗一、陈登科，2017）。还有部分学者从空间一般均衡视角出发，认为资本错配是造成中国大中城市偏少、小城市过多的重要原因（陈诗一等，2019）。有效消除资本要素市场扭曲，可以使中国省级层面的创新生产效率提升 20.55%（白俊红、卞元超，2016）。资本错配在"约束"高效率企业规模扩大的同时，"助长"了低效率企业的不合理扩张，削弱了相关产业政策的有效性（李旭超等，2017）。这些文献增进了我们有关资本错配宏观层面影响后果的认识，但大多研究侧重于资本错配对宏观经济层面的影响，而就其所引起的微观企业活动变化付之阙如。

显然，企业作为市场经济活动中的微观主体，会不可避免地受到资本要素价格扭曲的影响。资本错配带来的企业资本使用成本与生产率"错位"，可能会通过改变企业在市场中的融资成本、交易费用等作用于企业的经营决策，进而对企业的实际税负造成影响。那么，资本错配对企业实际税负的影响到底如何？是否削弱了中央"减税降费"政策的有效性？不同类型和属性的企业是否存在差异？如果是，企业会通过何种途径来改善其所面临的不利处境？

7.2 实证研究设计

7.2.1 数据来源与数据处理

本章以 CSMAR 数据库中 2007—2018 年的中国 A 股上市企业为研究对象，参照李青原和刘叶畅（2019）的做法对初选样本进行如下筛选：①剔除金融保险类行业上市企业；②剔除所得税费用小于等于 0 的样本；③借鉴 Dyreng 等（2016），剔除息税前利润为负的企业样本；④剔除实际所得税税率为负或大于 1 的样本；⑤剔除经营状况异常的 ST 企业；⑥剔除主要变量存在缺失、指标异常的样本。经过上述处理，最终获得 19941 个有效观测值。

7.2.2 实证研究设计

（1）模型构建

本章主要考察资本错配对企业税负的影响，根据研究目标将回归模型设定为：

$$TAX_{tfji} = \beta_0 + \beta_1 MISK_{tfj} + \beta_2 CTRL_{tfji} + \lambda_{tfji} + \delta_t + \varepsilon_{tfji} \quad (7-1)$$

式（7-1）中，TAX_{tfji} 为本文被解释变量，表示在第 t 年 f 省份 j 行业 i 企业所承担的实际税负；$MISK$ 为核心解释变量，表示资本错配；$CTRL$ 为影响企业税负的一系列控制变量向量；λ 和 δ 分别为个体固定效应和时间固定效应，用来控制不可观测的企业固有特征及随时间变化的宏观经济环境；ε 是随机扰动项。

（2）变量说明

被解释变量：企业实际税收负担（TAX）。使用企业实际所得税税率度量，借鉴 Hanlon 和 Heitzman（2010）、李旭超等（2019），用企业所得税费用与息税前利润比值衡量。不同于增值税的相对规范性，企业所得税的征收对象主要是企业利润，需要用企业营业收入与成本之差乘以适用税率，核算过程相对复杂，通常来说，企业可以较为容易地通过高报成本或低报收入来减少实际纳税额（田彬彬、范子英，2016）。同时，由于受到国家税务总局和地方税务局共同征管，在纳税实务中，企业所得税往往会因地方政府的自由裁量空间而表现出较大"弹性"（黄策、张书瑶，2018）。例如，地方政府可以通过一定范围内的税收优惠、政府补贴、征管强度等影响企业的实际税负，因而本书的模型设计主要考察资本错配对企业所得税实际税率的影响。

核心解释变量：行业内企业间的资本错配（$MISK$）。在 H-K 测算框架下，利用 ACF 方法（Ackerberg et al., 2015），对资本错配进行求解。其中，资本价格 $R=0.10$，产品替代弹性 $\sigma=3$。关于资本错配理论的具体阐述和中国上市企业分行业的资本错配状况，请参见第 3 章。

控制变量：企业规模（$Lnsize$）、杠杆率（Lev）、资产回报率（ROA）、成长性（$Tobin\ Q$）、固定资产比率（Fix）、股权集中度（$Top10$）、流动比率（$Liquidity$）、企业投资规模（$Invest$）、领导权结构（$Duality$）、是否为国有控股（$State$）、高管持股数量（$Mhold$）等。除此，本文还控制了年份和个体固定效应。

表 7-1 给出了所有变量间相关系数。其中，资本错配 MISK 与企业税负 TAX 间的 Pearson 系数为 0.062，在 1% 的水平下显著，这与本书的预期相一致。下文我们将进一步控制影响企业税负的其他因素，通过多元回归分析来得到更为可靠的结论。

表 7-1 主要变量的 Pearson 相关系数

变量	TAX	MISK	Lnsize	Lev	ROA	Tobin Q
TAX	1.000					
MISK	0.062***	1.000				
lnsize	0.028***	0.130***	1.000			
Lev	-0.032***	0.070***	0.365***	1.000		
ROA	-0.037***	-0.014**	-0.097***	0.004	1.000	
Tobin Q	-0.007	-0.057***	-0.447***	-0.169***	0.269***	1.000
Fix	-0.123***	0.116***	0.096***	0.068***	-0.058***	-0.141***
TOP10	0.005	-0.048***	0.095***	-0.142***	0.079***	0.085***
Invest	-0.089***	0.005	-0.054***	-0.064***	0.035***	0.012*
Liquidity	0.049***	-0.092***	-0.243***	-0.374***	0.073***	0.200***
Duality	-0.030***	-0.062***	-0.179***	-0.146***	0.032***	0.138***
State	0.054***	0.150***	0.348***	0.251***	-0.090***	-0.239***
Mhold	-0.075***	-0.150***	-0.118***	-0.207***	0.054***	0.139***

变量	Fix	TOP10	Invest	Liquidity	Duality	State
TOP10	-0.030***	1.000				
Invest	0.302***	0.126***	1.000			
liquidity	-0.197***	0.126***	-0.022***	1.000		
Duality	-0.110***	0.073***	0.051***	0.125***	1.000	
State	0.222***	-0.099***	-0.062***	-0.192***	-0.300***	1.000
Mhold	-0.181***	0.035***	0.049***	0.142***	0.288***	-0.434***

注：***、**、*分别表示在1%、5%、10%的显著性水平下显著。

7.3 资本错配对企业实际税负的影响

7.3.1 基准模型

表 7-2 报告了资本错配与企业税负的全样本回归结果。其中，

列（1）和列（2）是基于固定效应（FE）模型的回归，列（3）和列（4）是基于Tobit模型的回归。从中可以看出，资本错配变量的系数均至少在10%水平上显著为正，即同一行业内企业间的资本错配程度越高，企业的实际税负越高。资本错配使得企业的资本使用成本与生产率发生错位，同一行业内不同企业之间的资本边际生产率产生实质性差异，即高生产率企业资本使用过少，低生产率企业资本使用过多，这一现实无疑这会让整个经济系统的效率发生损失，社会总产出水平下降，经济税源遭到损害。在这种情况下，地方政府想要获得稳定的财政收入，就只能通过提高企业的实际所得税率来增加自有财力，进而表现为企业实际税收负担的加重。

表7-2 资本错配与企业实际税负的基准回归结果

变量	（1）	（2）	（3）	（4）
$MISK$	0.0189** (2.22)	0.0187** (2.21)	0.0166* (1.93)	0.0200** (2.35)
$lnsize$		-0.0095*** (-5.86)		-0.0008 (-1.00)
Lev		-0.0185*** (-5.51)		-0.0340*** (-3.92)
ROA		-0.0576*** (-8.37)		-0.0402* (-1.89)
$Tobin\ Q$		-0.0005 (-1.31)		0.0010* (1.93)
Fix		-0.0406*** (-5.18)		-0.0488*** (-9.79)
$Top10$		0.0003*** (3.47)		-0.0000 (-0.21)
$Invest$		0.0159 (1.11)		-0.0374*** (-3.05)
$Liquidty$		0.0004** (2.41)		0.0009*** (3.31)
$Duality$		0.0013 (0.58)		0.0000 (0.02)

续表

变量	(1)	(2)	(3)	(4)
State		-0.0006 (-0.11)		0.0042** (2.45)
Mhold		-0.0002 (-1.46)		-0.0004*** (-4.22)
C	0.0908*** (4.87)	0.2167*** (7.84)	0.0837*** (12.20)	0.1247*** (11.36)
模型	FE	FE	Tobit	Tobit
N	19941	19941	19941	19941

注：***、**、*分别表示统计值在1%、5%、10%的显著性水平下显著，括号内数值为 t 统计量。

7.3.2 稳健性检验

为验证研究结论的稳健性，表7-3中列（1）为加入金融类行业企业、ST企业的全部样本回归，列（2）是对所有连续变量进行1%缩尾处理后的结果，列（3）是考虑到2008年新的《中华人民共和国企业所得税法》及其实施条例对企业所得税法定税率的调整这一改革对估计结果造成的可能影响，将样本区间限定在2008—2017年的重新估计，列（4）是替换因变量，参考王小龙和余龙（2018）做法，用所得税费用与利润总额比值作为企业实际税负衡量指标的回归结果。总之，资本错配都至少在10%的显著性水平下提高了企业的实际税负，即本书的回归结果具有较好的稳健性。

表7-3 稳健性检验

变量	(1) 不剔除行业	(2) 缩尾处理	(3) 缩短时间	(4) 替换变量
MISK	0.0261*** (3.05)	0.0224*** (2.64)	0.0207** (2.15)	0.0266*** (2.64)
Lnsize	-0.0004 (-0.49)	0.0024*** (3.31)	-0.0007 (-0.82)	-0.0006 (-0.54)

续表

变量	(1) 不剔除行业	(2) 缩尾处理	(3) 缩短时间	(4) 替换变量
Lev	-0.0352*** (-4.17)	-0.0826*** (-13.96)	-0.0382*** (-3.28)	0.0441*** (3.29)
ROA		-0.2544*** (-10.78)	-0.0375* (-1.78)	-0.1552 (-1.57)
$Tobin\ Q$	0.0018*** (2.70)	0.0012** (2.17)	0.0009 (1.59)	-0.0019* (-1.73)
Fix	-0.0501*** (-10.08)	-0.0542*** (-10.67)	-0.0499*** (-9.60)	0.0125* (1.82)
$Top10$	0.0000 (0.21)	0.0000 (0.51)	-0.0000 (-0.20)	-0.0005*** (-6.71)
$Invest$	-0.0390*** (-3.26)	-0.0277** (-2.19)	-0.0326** (-2.54)	-0.1250*** (-8.13)
$Liquidty$	0.0008*** (3.10)	0.0005 (1.64)	0.0008*** (2.96)	0.0001 (0.36)
$Duality$	-0.0008 (-0.58)	-0.0001 (-0.06)	-0.0005 (-0.36)	0.0017 (0.99)
$State$	0.0033** (1.98)	0.0040** (2.40)	0.0051*** (2.90)	0.0055** (2.50)
$Mhold$	-0.0005*** (-4.43)	-0.0005*** (-4.67)	-0.0005*** (-4.18)	-0.0009*** (-6.40)
C	0.1157*** (9.84)	0.1166*** (10.84)	0.0994*** (9.20)	0.1635*** (9.97)
N	20762	19941	18060	19814

注：同表7-2。

7.3.3 内生性讨论

为了降低内生性问题对本书结论的干扰，一方面，选择利用滞后一期资本错配作为本期资本错配的度量，重新代入模型进行回归。在一定意义上，滞后资本错配会影响当期企业实际税率，但当期企业的实际税率不会对滞后资本错配产生影响，由此可以避免反向因果带来的内生性问题（王小龙、余龙，2018）。另一方面，参照以往研究的做法（Kim et al.，2016；彭俞超等，2018），选取同一行业内其他企业的资本错配均值作为本企业所面临资本错配的工具变量。一般来说，同行业内其他企业所面临的资本错配与本企业所面临的资本错配水平相关，但又不会直接影响本企业的实际税率，在理论上满足工具变量选取的外生性和相关性要求。表7-4中，资本错配的工具变量二阶段估计系数同基准模型一致，均至少在10%的水平下显著为正，说明内生性问题对本文结论影响较为微弱。

表7-4 内生性检验

变量	(1) MISK 第一阶段	(2) TAX 第二阶段	(3) MISK 第一阶段	(4) TAX 第二阶段
MISK		0.0155 * (1.94)		0.0251 *** (2.96)
L.MISK	0.4304 *** (75.55)			
MISKOTH			0.8637 *** (319.43)	
lnsize	0.0032 *** (6.05)	−0.0008 (−1.19)	0.0003 (1.38)	−0.0008 (−1.28)
Lev	0.0010 (0.44)	−0.0340 *** (−12.18)	0.0028 *** (2.77)	−0.0340 *** (−12.20)
ROA	−0.0054 (−0.95)	−0.0402 *** (−5.74)	0.0002 (0.09)	−0.0402 *** (−5.73)
Tobin Q	0.0008 *** (3.22)	0.0010 *** (3.14)	0.0004 *** (3.24)	0.0010 *** (3.12)
Fix	−0.0045 (−1.17)	−0.0489 *** (−10.19)	−0.0072 *** (−4.06)	−0.0488 *** (−10.18)
TOP10	−0.0002 *** (−4.77)	−0.0000 (−0.28)	−0.0000 ** (−2.27)	−0.0000 (−0.21)
Invest	−0.0555 *** (−5.41)	−0.0378 *** (−2.95)	−0.0077 (−1.64)	−0.0370 *** (−2.90)

续表

变量	(1) MISK 第一阶段	(2) TAX 第二阶段	(3) MISK 第一阶段	(4) TAX 第二阶段
$Liquidity$	-0.0002 (-1.31)	0.0009*** (5.69)	0.0001 (1.01)	0.0009*** (5.71)
$Duality$	0.0021* (1.76)	0.0000 (0.03)	-0.0001 (-0.22)	0.0000 (0.02)
$State$	0.0016 (1.28)	0.0042*** (2.65)	-0.0007 (-1.12)	0.0041*** (2.63)
$Mhold$	-0.0004*** (-4.44)	-0.0004*** (-4.48)	-0.0001*** (-3.24)	-0.0004*** (-4.43)
C	0.2045*** (25.44)	0.1256*** (11.91)	0.0339*** (9.12)	0.1236*** (12.19)
外生性的 Wald 检验		9.12 (0.00)		6.21 (0.00)
N	19941	19941	19941	19941
R^2		0.7740		0.9526

注：第一阶段括号中数值是 t 统计量，第二阶段括号中数值是 z 统计量。

7.3.4 异质性分析

（1）所有制的异质性

考虑到不同产权性质的企业与地方政府"亲密"程度的不同会使得其受到地方政府税收攫取的程度也有所差异，根据企业所有制形式进行分类回归。表7-5结果显示，资本错配对民营企业的实际税负显著为正，对国有企业、外资企业不显著。由此可见，在资本错配的现实情况下，同一行业内不同企业之间资本使用成本差距的不断拉大，会进一步增强民营企业在市场中的"弱势"地位，加重民营企业的税收负担。相比于国有企业、外资企业，转型经济体中的民营企业往往因体制不健全而面临更大的制度资源劣势。

表 7-5 资本错配与企业实际税负：所有制异质性

变量	(1) 国有企业	(2) 国有企业	(3) 民营企业	(4) 民营企业	(5) 外资企业	(6) 外资企业
MISK	0.0154 (1.17)	0.0176 (1.39)	0.0263** (2.17)	0.0316*** (2.62)	-0.0623 (-1.48)	-0.0491 (-1.10)
ln$size$		0.0021** (1.99)		-0.0028** (-1.99)		0.0105*** (3.09)
Lev		-0.0758*** (-8.53)		-0.0398*** (-3.06)		-0.0964*** (-4.25)
ROA		-0.2232*** (-5.93)		-0.0352* (-1.75)		-0.2385*** (-2.97)
Tobin Q		0.0007 (0.59)		0.0006 (1.10)		0.0029 (1.36)
Fix		-0.0570*** (-7.99)		-0.0598*** (-7.75)		-0.0278 (-1.37)
Top10		-0.0001 (-0.63)		-0.0000 (-0.09)		0.0003* (1.82)
Invest		-0.0398** (-1.98)		-0.0270 (-1.64)		-0.1184*** (-3.04)
Liquidity		0.0008 (1.31)		0.0007** (2.36)		-0.0012*** (-2.70)
Duality		0.0032 (0.89)		-0.0007 (-0.42)		-0.0085 (-1.64)
State				0.0149 (1.04)		-0.0711*** (-3.49)
Mhold		-0.0003 (-1.56)		-0.0006*** (-4.33)		0.0006 (1.50)
C	0.0774*** (7.19)	0.1131*** (6.81)	0.0862*** (8.72)	0.1603*** (9.04)	0.1012*** (5.03)	0.0099 (0.22)
N	8310	8310	10611	10611	1173	1173

注：同表 7-2。

（2）企业规模异质性

表 7-6 是以企业总资产的平均数作为分割点，将总样本分为大企业和

小企业后的回归结果。可以看出，资本错配对不同规模企业实际税负的影响具有异质性特征，其对大规模企业的实际税负不显著，但在1%的估计水平下显著提高了小企业的税收负担。资本错配破坏了企业资本使用成本与生产率之间的对应关系，在一定程度上造成了经济税源的缩减。在地方政府对企业所得税征管存在较大"自由裁量权"的大环境中，为保证征税任务的顺利执行，确保税收计划"底线"，大企业更有能力和动机通过贿赂税务官员等"寻租性"行为降低其实际税负，而处于相对"弱势"地位的小企业则被动承受了更为严苛的税收负担。

表7-6 资本错配与企业实际税负：规模异质性

变量	(1) 大企业	(2) 大企业	(3) 小企业	(4) 小企业
MISK	-0.0021 (-0.18)	0.0052 (0.45)	0.0399*** (3.23)	0.0359*** (2.94)
lnsize		0.0035*** (3.57)		-0.0060*** (-2.76)
Lev		-0.0619*** (-8.84)		-0.0311*** (-3.20)
ROA		-0.1126*** (-3.85)		-0.0374** (-1.96)
Tobin Q		-0.0006 (-0.68)		0.0006 (0.95)
Fix		-0.0445*** (-7.07)		-0.0569*** (-7.15)
Top10		0.0002*** (4.15)		-0.0002*** (-2.80)
Invest		-0.0231 (-1.45)		-0.0335* (-1.83)
Liquidty		0.0002 (0.59)		0.0009*** (3.19)
Duality		-0.0012 (-0.61)		0.0005 (0.23)

续表

变量	(1) 大企业	(2) 大企业	(3) 小企业	(4) 小企业
State		0.0022 (1.05)		0.0067** (2.38)
Mhold		-0.0006*** (-4.12)		-0.0003* (-1.72)
C	0.0944*** (9.43)	0.0912*** (5.95)	0.0720*** (7.60)	0.1838*** (6.67)
N	9845	9845	10096	10096

注：同表7-2。

(3) 上市板块异质性

表7-7为资本错配对不同板块上市企业实际税负的影响。结果表明，资本错配对主板企业的税负不显著，对中小板和创业板上市企业产生了显著正向影响，且这一提升作用对创业板企业影响更大。不同于主板企业具有较大的资本规模以及稳定的盈利能力，中小板和创业板上市企业资本规模相对较小，经营风险较高，容易在金融体系尚不健全的中国市场中陷入被动状态，处于"弱势"地位，因而对资本错配所导致的税负提高更加敏感。此外，我国税收体制的弹性操作空间也让弱势企业更容易受到税负冲击的影响。

表7-7 资本错配与企业实际税负：板块异质性

变量	(1) 主板上市企业	(2) 主板上市企业	(3) 中小板上市企业	(4) 中小板上市企业	(5) 创业板上市企业	(6) 创业板上市企业
MISK	0.0096 (0.80)	0.0103 (0.86)	0.0275** (2.09)	0.0263** (2.02)	0.0419** (1.97)	0.0412** (1.98)
$\ln size$		-0.0019 (-1.57)		0.0027 (1.40)		-0.0084*** (-3.20)
Lev		-0.0180*** (-5.16)		-0.1011*** (-11.08)		-0.0799*** (-6.38)

续表

变量	(1) 主板上市企业	(2) 主板上市企业	(3) 中小板上市企业	(4) 中小板上市企业	(5) 创业板上市企业	(6) 创业板上市企业
ROA		-0.0434*** (-5.92)		-0.1937*** (-6.12)		-0.4418*** (-9.87)
Tobin Q		0.0006 (1.39)		0.0012* (1.65)		-0.0001 (-0.08)
Fix		-0.0644*** (-8.32)		-0.0279*** (-2.63)		-0.0427*** (-2.66)
Top10		0.0000 (0.40)		0.0003*** (2.66)		-0.0004*** (-2.86)
Invest		-0.0336* (-1.73)		0.0300 (1.59)		-0.0134 (-0.50)
Liquidty		0.0015*** (4.48)		-0.0003 (-1.45)		0.0004 (1.61)
Duality		-0.0015 (-0.55)		0.0040 (1.59)		-0.0035 (-1.13)
State		0.0043 (1.37)		0.0004 (0.08)		-0.0145* (-1.72)
Mhold		-0.0004** (-2.04)		-0.001*** (-3.00)		0.0008** (2.56)
C	0.1022*** (8.44)	0.1494*** (7.99)	0.0547*** (3.62)	0.0619** (2.27)	0.0483** (2.25)	0.2025*** (5.09)
N	11473	11473	5468	5468	3000	3000

注：同表7-2。

7.4 进一步的研究：资本错配背景下，企业如何应对实际税负过高问题

上文的一系列实证结论表明，资本错配提高了中国企业所承担的税收负担，特别是那些"弱势"企业的实际税率。从成本管理角度讲，企业的税收负担越高，其寻求税收减免、税收规避的动机也越强。那么，在国内

资本错配的现实背景下,企业会如何应对税负过高问题?又会通过哪些途径和手段实现避税目的?这些操作在资本错配的交织下对企业实际税负的影响方向和作用程度如何?对这些问题的回答有利于我们从税负角度理解中国企业的另外一些微观行为。事实上,作为连接政府和企业的一个重要纽带,税负不仅会改变企业的生产投资决策和发展空间,也会对国家宏观调控、产业政策的实施效果产生影响。现有研究发现,资本税负越重,资本外流越严重(刘穷志,2016)。较高的税收负担会诱使企业海外投资、改变内部资产配置结构、通过增加各类非生产性"寻租"活动以迎合政策获取资源。本章试图通过引入企业对外直接投资、创新、企业金融化和政府补贴,分别从这四个方面考察其对企业实际税负的影响,对上述问题做出回答。

7.4.1 资本错配与OFDI对企业税负的交互影响

企业所承担的实际税负会对企业的生产经营决策产生直接影响,母国僵化的制度环境以及较高的税收负担已成为驱动企业海外投资的一个重要原因(Kottaridi et al.,2019;李新春、肖宵,2017;刘忠、李殷,2019)。国内资本要素价格扭曲所造成的资本错配使得企业间的资本使用成本与生产率分布发生严重偏离,高生产率企业资本使用成本过高,而低生产率使用成本过低。在这种情况下,我们推断不具备制度和资源优势的企业会有强烈动因"走出去",通过国际化手段进行税收筹划,以寻求发展所需的必要资金或实现避税目的。为识别该作用渠道,在模型(7-1)的基础上加入企业对外直接投资(OFDI)与资本错配交乘项,并根据企业海外投资地,将企业对外直接投资进一步划分为避税投资[①](Bishui)和非避税投资(Nbishui),分别与资本错配交乘,进行对比分析。

回归结果如表7-8所示。可以发现,在加入控制变量后,资本错配与企业对外直接投资的交乘项、与避税投资的交乘项、与非避税投资的交乘

---

① 参考刘志阔等(2019)研究所采用的处理方法,认为企业对外直接投资地如果属于OECD界定的42个避税天堂的国家和地区(OECD,2000),就视该投资项目为避税投资。

项系数都至少在10%的置信水平下显著为负，也就是说，在资本错配一定的情况下，企业对外直接投资水平越高，尤其是避税投资越多，企业的实际税负就越低。资本错配对企业税负的提升作用会随着企业对外直接投资的增加而有所下降。这意味着，资本错配所导致的企业税负提高会通过诱使企业进行对外直接投资，尤其是向避税天堂的投资来实现"制度逃离"。

表7-8 资本错配与对外直接投资对企业税负的影响

变量	(1)	(2)	(3)	(4)	(5)	(6)
OFDI × MISK	-0.0132** (-2.16)	-0.0161*** (-2.66)				
Bishui × MISK			-0.0179** (-2.28)	-0.0205*** (-2.66)		
Nbishui × MISK					-0.0127 (-1.44)	-0.0153* (-1.79)
MISK	0.0220** (2.42)	0.0260*** (2.91)	0.0220** (2.43)	0.0255*** (2.87)	0.0191** (2.16)	0.0228*** (2.62)
OFDI	-0.0006 (-0.42)	0.0034** (2.34)				
Bishui			-0.0000 (-0.01)	0.0042** (2.18)		
Nbishui					-0.0015 (-0.83)	0.0029 (1.58)
lnsize		-0.0009 (-1.02)		-0.0008 (-0.99)		-0.0008 (-0.98)
Lev		-0.0340*** (-3.91)		-0.0339*** (-3.91)		-0.0340*** (-3.91)
ROA		-0.0404* (-1.89)		-0.0405* (-1.89)		-0.0402* (-1.88)
Tobin Q		0.0010* (1.93)		0.0010* (1.93)		0.0010* (1.93)
Fix		-0.0490*** (-9.82)		-0.0490*** (-9.80)		-0.0489*** (-9.81)

续表

变量	(1)	(2)	(3)	(4)	(5)	(6)
TOP10		-0.0000 (-0.13)		-0.0000 (-0.16)		-0.0000 (-0.17)
Invest		-0.0372*** (-3.03)		-0.0374*** (-3.05)		-0.0372*** (-3.03)
Liquidity		0.0009*** (3.35)		0.0009*** (3.34)		0.0009*** (3.33)
Duality		-0.0000 (-0.00)		0.0000 (0.01)		0.0000 (0.01)
State		0.0042** (2.46)		0.0042** (2.45)		0.0041** (2.44)
Mhold		-0.0004*** (-4.24)		-0.0004*** (-4.23)		-0.0004*** (-4.24)
C	0.0827*** (11.96)	0.1238*** (10.85)	0.0824*** (11.93)	0.1235*** (10.89)	0.0834** (12.12)	0.1241*** (11.05)
N	19941	19941	19941	19941	19941	19941

注：同表7-2。

7.4.2 资本错配与创新对企业税负的交互影响

近年来，随着研发费用在企业所得税税基计算中的扣除比例不断提升，特别是高新技术企业还可享受较低税率等政策的不断出台，企业通过创新渠道进行税收筹划的意愿也有所提高。例如，程玲等（2019）研究发现，为获取相应资源，中国上市企业存在策略性地研发操纵行为和制度迎合。宏观税负越大的地区，其用发明专利数量表示的创新产出反而越多（张希等，2014；林志帆、刘诗源，2017）。较重的税负迫使企业投入更多研发资金以实现避税目的（Berger，1993）。由此，我们猜测在资本错配的情境下，企业可能会通过提高创新来实现"税盾"效应。

表7-9汇报了创新（INV）对企业税负的调节作用，考虑到现有专利数据收集整理中存在的遗漏问题，为确保结果的稳健，列（1）~列（4）分别纳入上市企业及其子公司等专利申请合计、授权合计以及上市

企业本身专利申请和授权四种情形。可见，无论纳入何种标准衡量的企业创新，创新的一次项均至少在10%的统计性水平下显著为负，说明企业创新确实有利于降低企业的实际税负，起到"税盾"作用。对于资本错配与创新的交乘项，其实证结果一致表明，资本错配对企业税负的变动方向与创新对企业税负的调整方向相反，即企业创新产出的增长能够明显抑制资本错配对企业税负的提高，且上述结果不因统计口径的不同而表现出明显差异。

表7-9 资本错配与创新对企业税负的影响

变量	(1)	(2)	(3)	(4)
INV1×MISK	-0.0070*** (-2.58)			
INV2×MISK		-0.0083*** (-2.88)		
INV3×MISK			-0.0074** (-2.39)	
INV4×MISK				-0.0081** (-2.46)
MISK	0.0295*** (3.03)	0.0307*** (3.18)	0.0249*** (2.67)	0.0247*** (2.68)
INV1	-0.0027*** (-3.97)			
INV2		-0.0017** (-2.43)		
INV3			-0.0018*** (-2.66)	
INV4				-0.0013* (-1.74)
ln$size$	0.0016* (1.84)	0.0011 (1.23)	0.0002 (0.18)	-0.0000 (-0.02)
Lev	-0.0346*** (-3.84)	-0.0345*** (-3.85)	-0.0348*** (-3.88)	-0.0347*** (-3.89)

续表

变量	(1)	(2)	(3)	(4)
ROA	-0.0385* (-1.94)	-0.0388* (-1.92)	-0.0386* (-1.91)	-0.0389* (-1.90)
Tobin Q	0.0010** (2.06)	0.0010** (2.03)	0.0010** (2.01)	0.0010** (1.99)
Fix	-0.0520*** (-10.40)	-0.0510*** (-10.21)	-0.0493*** (-9.91)	-0.0491*** (-9.86)
TOP10	-0.0000 (-0.41)	-0.0000 (-0.30)	-0.0000 (-0.04)	-0.0000 (-0.03)
Invest	-0.0349*** (-2.86)	-0.0359*** (-2.94)	-0.0344*** (-2.81)	-0.0354*** (-2.89)
Liquidity	0.0008*** (3.06)	0.0008*** (3.13)	0.0008*** (3.19)	0.0008*** (3.22)
Duality	0.0003 (0.20)	0.0002 (0.13)	0.0001 (0.04)	0.0001 (0.04)
State	0.0045*** (2.65)	0.0044*** (2.59)	0.0041** (2.44)	0.0041** (2.43)
Mhold	-0.0004*** (-3.64)	-0.0004*** (-3.84)	-0.0004*** (-3.51)	-0.0004*** (-3.72)
C	0.0956*** (8.31)	0.1011*** (8.81)	0.1120*** (10.10)	0.1142*** (10.31)
N	19941	19941	19941	19941

注：同表7-2。

7.4.3 资本错配与企业金融化对企业税负的交互影响

企业对资产配置结构的调整会通过改变其内部税基结构而作用于企业实际税负（徐超等，2019）。这意味着，企业金融化与其实际纳税负担之间可能具有逆向关联关系。结合中国经济发展实践来看，随着中国经济迈入新常态，宏观经济下行压力增大，大量实体企业涉足金融领域，依靠金融渠道获利进行利润积累，实体经济"脱实向虚"趋势日益凸显。那么，这一经营决策的发生会对企业的税负产生什么样的影响呢？本小节就企业金融化与资本错配之间的互动关系进行了考察。通过在基准模型中引入资本错配和企业金融化的交乘项，捕捉二者在影响企业实际税负上的相互作用。具体地，根据当前研究对企业金融化的定义，将企业金融化细分为企业金融资产持有份额和金融渠道获利，从金融资产占比和利润来源构成两方面切入进行研究。

表7-10报告了相关实证结果，前两列对应企业金融资产持有份额（FIN），后两列对应金融渠道获利（FCP）。可以发现，在控制资本错配、企业金融资资产持有份额以及金融渠道获利的主效应后，资本错配与企业金融化两个细分指标的交乘项系数均在1%的水平下显著为负，即资本错配对企业税负的影响与企业金融化对其实际税负的影响之间存在相互削弱作用。在资本错配一定的情况下，企业金融资产持有份额越高、金融渠道获利越多，企业所承担的实际税负越低。由此可见，企业金融化有助于缓解资本错配对企业实际税负的提升作用，帮助企业达到降低间接避税的目的。

表7-10 资本错配与企业金融化对企业税负的影响

变量	(1)	(2)	(3)	(4)
$FIN \times MISK$	-0.1377 *** (-4.75)	-0.1368 *** (-4.78)		
$FCP \times MISK$			-0.0112 *** (-2.84)	-0.0122 *** (-3.31)
$MISK$	0.0425 *** (4.16)	0.0454 *** (4.49)	0.0144 * (1.66)	0.0178 ** (2.08)
FIN	0.0593 *** (9.90)			
FCP			0.0045 *** (3.58)	0.0041 *** (3.66)
$lnsize$		-0.0007 (-0.84)		-0.0007 (-0.88)
Lev		-0.0347 *** (-3.82)		-0.0339 *** (-3.92)

续表

变量	(1)	(2)	(3)	(4)
ROA		−0.0395* (−1.89)		−0.0399* (−1.89)
Tobin Q		0.0010** (2.00)		0.0010* (1.95)
Fix		−0.0506*** (−9.79)		−0.0484*** (−9.70)
Top10		−0.0000 (−0.39)		−0.0000 (−0.12)
Invest		−0.0379*** (−3.05)		−0.0374*** (−3.04)
Liquidity		0.0008*** (3.15)		0.0009*** (3.30)
Duality		−0.0000 (−0.01)		0.0001 (0.07)
State		0.0043** (2.51)		0.0039** (2.30)
Mhold		−0.0004*** (−4.32)		−0.0004*** (−4.17)
C	0.0744*** (10.77)	0.1211*** (11.04)	0.0842*** (12.28)	0.1236*** (11.28)
N	19941	19941	19941	19941

注：同表7-2。

7.4.4 资本错配与政府补贴对企业税负的交互影响

除了企业自身税收筹划意愿外，政府补贴是实现企业合理避税的另一重要途径（Shevlin et al.，2018）。但对于长期处于经济转型期的中国而言，征纳实务中政府与企业之间的信息不对称、税务机构较大的自由裁量权以及税收征管的弹性操作空间等客观因素的存在（高培勇，2006；范子英、田彬彬，2013；刘忠、李殷，2019），使得政府补贴对企业实际税负的影响充满了不确定性。一方面，在 GDP 锦标赛的晋升考核机制和激励下,各级地方政府有动机对企业施以"援助之手",通过提供政府补贴积极扶持企业发展,保护地方税基。另一方面,税收作为地方政绩考核的另一重要内容,也会诱使当地政府有动机通过税收超收等临时性手段完成征税目标(范子英、王倩,2019)。甚至在税源减少的情况下,对纳税能力和盈利能力较高的企业征收更高的实际税负,实施更为严苛的税收征管(李旭超等,2018)。在这种情况下,企业很有可能产生投机行为,通过利用贿赂税务官员等"寻租"手段以谋取政府补贴(刘忠、李殷,2019)。事实上,现有研究发现,企业明面上所获得的财政补贴中有很大一部分是财税体制所导致的"虚增补贴",企业缴税与财政补贴间存在"列收列支"问题。

表7-11 中列(1)是不加入时间固定效应的结果,列(2)~列(4)是在此基础上依次加入年份固定效应、行业固定效应和控制变量后的估计结果。可以发现,政府补贴($Subsidy$)的一次项系数都在1%的水平下显著为负,即政府补贴有利于降低企业的实际税负,企业得到的政府补贴越多,其实际缴纳税额越少。二次项变量 $Subsidy \times MISK$ 的对应系数均显著为正,说明政府补贴对企业税负的降低作用会随着资本错配程度的加重而有所下降。在资本错配一定情况下,政府补贴越多,企业税负反而越高。结合中国实际,可能的原因在于,企业所能利用的政府补贴与其账面上所显示的补贴并不相等。征纳实务中政府分配给企业的补贴可能与企业所缴纳的税负相挂钩,呈现出"列收列支"形式,即企业所获得的政府补贴中很大一部分是其提前向政府所转移的超收税(范子英、王倩,2019)。

表7-11 资本错配与政府补贴对企业税负的影响

变量	(1)	(2)	(3)	(4)
$Subsidy \times MISK$	2.1115*** (3.63)	2.1095*** (3.69)	1.5302*** (3.10)	1.7476*** (3.47)
$MISK$	0.0252*** (4.41)	0.0257*** (4.53)	0.0074 (0.81)	0.0097 (1.07)
$Subsidy$	-1.3019*** (-9.87)	-1.3032*** (-9.83)	-0.6460*** (-6.56)	-0.6688*** (-6.72)

续表

变量	(1)	(2)	(3)	(4)
ln$size$				-0.0010 (-1.29)
Lev				-0.0339*** (-3.97)
ROA				-0.0394* (-1.92)
$Tobin\ Q$				0.0011** (2.08)
Fix				-0.0480*** (-9.62)
$TOP10$				-0.0000 (-0.15)
$Invest$				-0.0382*** (-3.10)
$Liquidity$				0.0009*** (3.31)
$Duality$				-0.0001 (-0.07)
$State$				0.0047*** (2.75)
$Mhold$				-0.0004*** (-4.01)
C	0.1622*** (124.42)	0.1727*** (45.80)	0.0890*** (12.82)	0.1316*** (11.95)
Yeareffect	NO	YES	YES	YES
Industryeffect	NO	NO	YES	YES
N	19941	19941	19941	19941

注：同表7-2。

7.5 本章小结

在当前国内经济下行压力增大、世界经济政治形势错综复杂的大背景下，进一步落实好中央"减税降费"政策是释放企业经济活力，实现大众创业、万众创新的有力措施之一。本章实证分析了资本错配对企业实际税负的影响。主要结论为：

第一，资本错配对企业的实际税负具有显著正向影响，同一行业内企业间的资本错配程度越高，企业的实际税负越高。按照所有制、企业规模、上市板块划分样本分析发现，资本错配对国有企业、外资企业、大规模企业、主板上市企业的实际税负影响不显著，但显著提高了民营企业、小规模企业、中小板和创业板上市企业这些"弱势"企业的税负水平。

第二，进一步地，企业对外直接投资、创新产出以及金融化水平提升有助于缓解资本错配对企业实际税负的提升作用，帮助企业降低税负，起到间接避税目的，即较高的税收负担会诱使企业通过海外直接投资、投入更多研发资金、改变内部资产配置结构来起到"税盾"作用，降低实际税负。

第三，政府补贴对企业税负的降低作用会随着资本错配程度的加重而有所下降。在资本错配一定的情况下，政府补贴越多，企业税负反而越高，也就是说，政府分配给企业的补贴可能与企业所缴纳的税负相挂钩，企业所获得的政府补贴中很大一部分是其提前向政府所转移的超收税，中国的征纳实务中存在"列收列支"问题。

由此可见，"减税降费"政策作用的更好发挥离不开市场机制的有效配合。推动金融市场化改革，建立现代化的金融市场体系，对于提高资本配置效率、增强企业活力、降低企业实际税负具有重要意义。以往，由资本市场改革滞后所带来的金融摩擦和政府不当干预，不仅增大了企业间资本边际报酬方差，加剧了资本错配，而且进一步造成了社会总产出的下降，使得整个社会经济税源发生萎缩。因此，深化资本市场化改革，通过市场机制进行企业间的资源配置，不仅可以提高企业活力，释放中国沉淀生产要素，增加地方政府财政收入；而且有利于"减税降费"政策的持续性，统一"央地利益"，避免因地方政府对政策选择性执行所造成的税负扭曲。

8 主要结论与未来展望

8.1 主要结论

微观企业的高质量发展是新常态下中国经济能否成功实现从数量型向质量型转变的重要"载体"。全书围绕资本错配对上市企业发展质量的影响进行了深入的理论分析和翔实的实证检验。事实证明资本错配在让部分低效率企业以低于市场出清时的价格使用更多资金，获得比较优势的同时，也进一步恶化了资本的跨企业配置效率，使得企业的资本使用成本与生产率发生"脱节"，部分高效率企业因资本使用成本过高而过少地使用资本，并引致上市企业整体发展质量的下降。为了对这一发展困境的内部机制进行深层次挖掘，本书分别从企业创新、企业金融化、企业海外直接投资以及企业税负视角进行具体考察。研究发现：

第一，资本错配显著抑制了微观企业的创新行为，降低了企业创新数量和创新质量的增长，提高了企业创新风险，造成创新的实质性损失。按照企业上市板块、要素密集度和所有制分样本研究发现，上述效应存在非对称性，相比于中小板和创业板上市企业、劳动密集型企业、外资企业资本，资本错配对主板上市企业、资本密集型企业和民营企业创新活动的影响更加严重。对比融资约束与国有经济和非国有经济的影响，发现资本错配通过降低国有企业融资约束，加剧民营企业融资约束而造成了整体创新数量和创新质量的下降、创新风险的提高。机制研究表明，资本错配通过融资约束的正向中介效应削弱了其对国有企业创新数量的负向作用，提高了民营企业创新质量，降低了整体企业创新风险，但在实质上，却通过变相提高高生产率民营企业的资本使用成本，进一步加剧了民营企业的融资约束，提高了民营企业的创新风险，降低了其创新数量，使得社会整体创新受损。

第二，资本错配所导致的企业资本使用成本与生产率错位显著助推了企业金融化行为，并引致了企业金融渠道获利的减少。具体来说，资本错配越严重，企业金融化程度越高且金融渠道获利越少。特别地，这一效应在不同特征企业中存在差异，资本错配对企业金融化的促进作用在国有企业、第二产业企业、劳动密集型和技术密集型行业企业中更为明显；对企业金融渠道获利的抑制影响在民营企业、小企业、第一和第三产业企业以及劳动密集型企业中更为突出。进一步地，将资本错配对企业金融化的影响与企业生产率相结合，发现高生产率企业的金融化程度和金融渠道获利并不受到资本错配的影响，资本错配主要提高了低生产率企业的金融化程度，降低了低生产率企业的金融渠道收益。机制研究表明，资本错配对企业金融化和金融渠道获利的影响主要通过降低企业实体利润率、增加企业短期贷款渠道而实现。

第三，资本错配显著提升了中国企业的 OFDI 水平，且这一作用对国内企业、资本和技术密集型企业以及大规模企业更加明显。相比于非避税投资、"顺梯度"投资，资本错配显著正向影响了企业的避税投资和"逆梯度"投资。这在一定程度上说明中国企业的 OFDI 既存在利用避税天堂进行国际避税的动机，又有向发达国家寻求先进技术、更优制度资源，逃离母国制度劣势的需求。此外，资本错配加剧了的同一行业内不同企业之间资本使用成本"不平等性"，使得企业的对外直接投资门槛进一步提高，在显著降低企业对外直接投资决策、非避税投资决策以及其向高收入国家和中低收入国家投资倾向的同时，显著提高了企业的避税投资倾向。全方位、高层次地推进对外开放进程，需要统筹国内市场和国际市场"两个大局"，但除民营企业外，资本错配所引致的海外直接投资对国内投资具有显著的替代和挤出效应。这意味着，在国内投资环境不利的情况下，海外投资对国内投资的挤出作用会随着资本错配程度的加重而越发严重。

第四，资本错配弱化了"减税降费"政策的有效性，显著提高了上市企业的实际税收负担。对比国有上市企业、大规模企业、主板上市企业，资本错配主要提高了民营上市企业、小规模上市企业以及中小板和创业板上市企业这些"弱势"企业的实际税负。进一步地，企业海外直接投资水平、创新产出以及企业金融化程度的提升均可以削弱资本错配对企业税负的正向作用，有助于降低企业实际税负水平，起到间接避税的目的。这一结论有助于我们从税负视角理解企业的其他行为。另外，资本错配与政府补贴对企业税负的交叉作用表明，随着资本错配程度的加重，政府补贴对企业实际税负的降低作用会不断降低。在资本错配一定的情况下，政府补贴越多，企业税负反而越高，这在一定程度上反映了中国纳税实务中的税收超收和"列收列支"问题。

8.2 政策含义

本书的理论和经验分析具有以下政策含义：

（1）金融部门的现代化不仅在于金融部门规模的扩大，而且关键性地取决于多层次资本市场的建立和充分的市场化运行。切实提高资本投资机制的完备性以及相关金融配套服务，是实现中国经济创新驱动发展、化解当前实体面"资金荒"和金融面"资产荒"，引导经济"脱虚向实"，提高对外直接投资质量、加强"减税降费"政策有效性的关键所在。深化资本市场化改革，发挥市场机制在企业间的资源配置方面的功能，不仅可以减少由偏向性政策等非市场化行为所引致的资本错配和社会福利损失，而且可以进一步提高企业活力，促进金融链、创新链与产业链的深度融合，释放中国沉淀生产要素。

（2）全面推动企业创新体制构架，改善资本错配，须进一步缓解民营企业融资约束，为其创新发展提供持续稳定且充足的资金保障。根据本书研究结论，融资约束依然是制约中国企业创新数量和创新质量的关键因素。表面上，资本错配通过融资约束的正向中介效应缓解了其对国有企业创新数量的负面影响，提高了民营企业创新质量，降低了整体企业的创新风险。但实际上，资本结构性配置的扭曲使得一些生产率较高的民营企业需要支付更高的资金成本，面临更加严重的融资约束和更高的创新风险，进而造成创新数量的减少和社会整体的创新损失。因此，要实现金融支持实体创新的良性互动，需进一步降低民营企业创新风险，从根本上缓解当前民营企业融资难、融资贵问题，除了鼓励银行向民营企业贷款外，关键要改善银行业结构，保证金融机构服务的一视同仁。

（3）构建实体经济与虚拟经济的良性互动，平衡金融资产收益并提升企业实体投资回报。资本错配所引致的实体利润率偏低是资本错配影响企业金融化的重要传导机制之一，趋利避险的资金本性最终会强化企业金融化动机，引致实体产业过度金融化。改变资本"脱实向虚"倾向，一方面要加快实体经济高质量转型，通过创新等途径增强我国制造业质量优势，改善企业实体利润率；另一方面，要提高金融市场发展质量，破除银行业超额利润率，让金融资产价格充分反映市场信息。此外，拓宽企业融资渠道，进一步改善实体企业短贷长投问题。资本错配所导致的差别性融资成本使得企业的资本债务期限结构进一步失衡，并通过增加企业短期贷款加深了企业金融化程度。因此，降低直接融资市场门槛，建立多层次金融市场体系，优化长短期资金供给结构，提高企业资产与债务期限匹配度，有利于从源头上优化信贷结构，发挥金融对实体经济的支持作用。

（4）结合中国企业"走出去"需求，延展对外开放布局和路径，优化对外直接投资的结构和质量，整合开放资源，是有效培育企业国际竞争新优势、促进中国OFDI健康发展的重要抓手。在资本错配情形下，不同类型企业所面临的不同资本扭曲程度和外部激励，使得企业的对外直接投资决策不仅具有市场动机，还有非市场动机。研究发现，资本错配在整体上降低了企业对外直接投资的可能性，但提高了其避税投资动机。因此，政策制定者应进一步完善有关企业海外直接投资的相关政策规定，通过对不同企业OFDI动机的识别、关注和调查，深度了解企业实际投资需求，以减少企业利用国际化进行利润转移、资本外逃等对母国经济发展和税基产生负面影响。

（5）进一步深化财税体制改革，减少由资本市场改革滞后所带来的金融摩擦和政府不当干预，优化民营企业、小规模企业等"弱势"企业所面临的制度和法律环境，是"减税降费"政策有效发挥的制度保证。根据本书研究结论，资本错配所导致的企业实际税负提高主要体现在民营企业、小企业、中小板和创业板企业，而对国有企业、大企业和主板企业没有影响。由此可见，仅仅通过降低相关企业的法定税率，并不能从操作层面上消除"弱势"企业更容易被"剥夺"的现实情况。因此，在财政分权大框架下，进一步优化税制结构，协调好中央和地方收入划分改革，明晰税务机关权力边界，增强涉税信息共享，规范税务执法标准，对于有效降低企业实际税负，保护纳税企业合法权益具有重要意义。

8.3 研究不足与未来展望

本书根据 Hsieh 和 Klenow（2009）构建的异质性企业垄断竞争模型，在测算资本错配的基础上，从企业创新、金融化、对外直接投资和国内投资、实际税负等多个现实问题切入，细致考察了资本错配对微观企业行为的影响效应，在一定程度上，丰富了资本错配在微观层面经济后果的相关研究，也为微观企业行为的成因分析提供了新的解读视角。当然，本书还存在一些不足和进一步完善之处，需要在未来的研究中进一步深化：

首先，考虑到篇幅的限制，本书结合资本错配的经典文献和中国的实际，只就"企业创新""企业金融化""企业对外直接投资"和"企业税负"等四个微观行为进行了研究，然而资本错配对上市企业的影响可能还体现在其他方面，譬如企业的劳动力冗余、杠杆率、企业 IPO、股价崩盘等。因而，进一步拓宽本书的研究视角，从其他维度考察资本错配对中国企业动态的影响，不仅有助于我们认识和理解当前中国资本错配背景下的企业行为动机以及资本错配的影响路径和机制，而且也可以为政府相关经济政策的制定提供参考依据。

其次，在有关资本错配对企业金融化的分析中，本书着重回答了资本错配影响企业金融化的影响效应和机制路径，却未能就企业的金融化动机予以区分。需要指出的是，不同企业金融化的目的有所差异，资本的逐利天性也并非都是贬义（张成思，2019）。因此，在治理企业金融化、挤出经济泡沫的过程中，进一步明确资本错配究竟提高了哪一种类型的企业金融化，也是下一步需要改进的方向。

再次，囿于数据等因素，本书第 7 章仅就资本错配对企业的实际税负的影响效应进行了讨论，而未能对资本错配影响企业税负的具体机制展开深入分析。在中国税制全国基本统一的制度背景下，现有研究发现各地区间的企业税收负担存在显著差异（汪德华、李琼，2015；范子英、王倩，2019）。这一现象产生的原因包括地方政府间的税收竞争（范子英、田彬彬，2013；龙小宁等，2014）、地区市场化程度（刘慧龙、吴联生，2014）、地方财政压力（李旭超等，2018）等因素。因此，在计量模型中加入资本错配与地方制度环境、财政压力的交互项，分析二者对企业实际税负的影响值得进一步推敲。另外，本书只就企业所得税进行了考察。事实上，我国企业的税种还包括增值税、消费税等其他税种，因而在总体上衡量资本错配对企业总体税负的影响也是本书未来的一个研究方向。

最后，正如前文所指出的，内生性问题是影响本书实证结果的重要因素。虽然，我们使用资本错配的滞后一期作为资本错配的工具变量，通过了识别不足和弱工具变量检验，但该工具变量仍稍显不足，进一步挖掘资本错配的工具变量是本书仍需完善的地方。

参考文献

[1] Acharya V. V., Almeida H. and Campello M. Is Cash Negative Debt? A Hedging Perspective on Corporate Financial Policies[J]. Journal of Financial Intermediation, 2007, 16 (4): 515 -544.

[2] Ackerberg D. A., Caves K. and Garth F. Identification Properties of Recent Production Function Estimators [J]. Econometrica, 2015, 83 (6): 2411 -2451.

[3] Agénor P. R., Aizenman J. Aid Volatility and Poverty Traps[J]. Journal of Development Economics, 2010, 91(1): 1 -7.

[4] Aghion P., Askenazy P., Berman N., et al. Credit Constraints and the Cyclicality of R&D Investment: Evidence from France[J]. Journal of the European Economic Association, 2012, 10(5): 1001 -1024.

[5] Akkemik K. A., Özen Ş. Macroeconomic and Institutional Determinants of Financialisation of Non - Financial Firms: Case Study of Turkey[J]. Socio - Economic Review, 2014, 12(1): 71 -98.

[6] Alam M. J. Capital Misallocation: Cyclicality and Sources[J]. Journal of Economic Dynamics and Control, 2020,112(1): 1 -21.

[7] Allen F., Qian J., Qian M. Law, Finance, and Economic Growth in China[J]. Journal of Financial Economics, 2005, 77(1): 57 -116.

[8] Almeida H., Campello M., Cunha I., et al. Corporate Liquidity Man-

agement: A Conceptual Framework and Survey[J]. Annual Review of Financial Economics, 2014, 6(1): 135 - 162.

[9] Almeida H., Campello M., and Weisbach M. The Cash Flow Sensitivity of Cash[J]. Journal of Finance, 2004, 59 (4): 1777 - 1804.

[10] Almunia M., Lopez - Rodriguez D. Under the Radar: The Effects of Monitoring Firms on Tax Compliance[J]. American Economic Journal: Economic Policy, 2018, 10(1): 1 - 38.

[11] Amighini A. A., Rabellotti R., Sanfilippo M. Do Chinese State - Owned and Private Enterprises Differ in Their Internationalization Strategies? [J]. China Economic Review, 2013, 27: 312 - 325.

[12] Archibugi D., Filippetti A., Frenz M. Economic Crisis and Innovation: Is Destruction Prevailing Over Accumulation? [J]. Research Policy, 2013, 42(2): 303 - 314.

[13] Asker J., Collard - Wexler A., Loecker J. D. Dynamic Inputs and Resource (Mis)allocation[J]. Journal of Political Economy, 2014, 122(5): 1013 - 1062.

[14] Azariadis C., Kaas L. Capital Misallocation and Aggregate Factor Productivity[J]. Macroeconomic Dynamics, 2016, 20(2):525 - 543.

[15] Banerjee A. V., Duflo E. Growth Theory through the Lens of Development Economics[J]. Handbook of Economic Growth, 2005, 1: 473 - 552.

[16] Banerjee A. V., Duflo E., Munshi K. The (Mis)Allocation of Capital[J]. Journal of the European Economic Association, 2003,1(2): 484 - 494.

[17] Bartelsman E., Haltiwanger J., Scarpetta S. Cross - Country Differences in Productivity: The Role of Allocation and Selection[J]. American Economic Review, 2013, 103(1): 305 - 334.

[18] Bartoloni E. Capital Structure and Innovation: Causality and Determinants[J]. Empirica, 2013, 40(1): 111 - 151.

[19] Benhima K. Financial Integration, Capital Misallocation and Global

Imbalances[J]. Journal of International Money and Finance, 2013, (32): 324 – 340.

[20]Beuselinck C., Cao L., Deloof M., et al. The Value of Government Ownership During the Global Financial Crisis[J]. Journal of Corporate Finance, 2017, 42: 481 – 493.

[21]Bleck A., Liu X. W. Credit Expansion and Credit Misallocation[J]. Journal of Monetary Economics, 2018, (94):27 – 40.

[22]Boisot M., Meyer M. W. Which Way through the Open Door? Reflections on the Internationalization of Chinese Firms[J]. Management and Organization Review, 2008, 4(3): 349 – 365.

[23]Bojnec S., Ferto I. Globalization and Outward Foreign Direct Investment[J]. Emerging Markets Finance and Trade, 2018, 54(1): 88 – 99.

[24]Brandt L., Tombe T., Zhu X. Factor Market Distortions across Time, Space and Sectors in China[J]. Review of Economic Dynamics, 2013, 16(1): 39 – 58.

[25]Brown J. R., Martinsson G., Petersen B. C. Do Financing Constraints Matter for R&D? [J]. European Economic Review, 2012, 56(8): 1512 – 1529.

[26]Brown J. R., Martinsson G., Petersen B. C. Law, Stock Markets, and Innovation[J]. The Journal of Finance, 2013, 68(4): 1517 – 1549.

[27]Brown J. R., Petersen B. C., Cash Holding and R&D Smoothing [J]. Journal of Corporate Finance, 2011, 17(4): 694 – 709.

[28]Buch C. M., Kesternich I., Lipponer A., et al. Financial Constraints and Foreign Direct Investment: Firm – Level Evidence[J]. Review of World Economics, 2014, 150(2): 393 – 420.

[29]Buckley P. J., Clegg L. J., Voss H., et al. A Retrospective and Agenda for Future Research on Chinese Outward Foreign Direct Investment[J]. Journal of International Business Studies, 2018, 49(1): 4 – 23.

[30] Buera F. J., Kaboski J. P., Shin Y. Finance and Development: A Tale of two Sectors[J]. The American Economic Review, 2011, 101(5): 1964 – 2002.

[31] Buera F. J., Benjamin M. Aggregate Implications of a Credit Crunch: The Importance of Heterogeneity[J]. American Economic Journal Macroeconomics, 2015, 7(3): 1 – 42.

[32] Chang X., Dasgupta S., Wong G., et al. Cash – Flow Sensitivities and the Allocation of Internal Cash Flow[J]. The Review of Financial Studies, 2014, 27(12): 3628 – 3657.

[33] Chemmanur T. J., Loutskina E., Tian X. Corporate Venture Capital, Value Creation, and Innovation[J]. The Review of Financial Studies, 2014, 27(8): 2434 – 2473.

[34] Chen C., Tian W., Yu M. J. Outward FDI and Domestic Input Distortions: Evidence from Chinese Firms[J]. Economic Journal, 2018.

[35] Chen S. X. The Effect of A Fiscal Squeeze on Tax Enforcement: Evidence from A Natural Experiment in China[J]. Journal of Public Economics, 2017b, 147: 62 – 76.

[36] Chen S., Lin B. Dual – track Interest Rates and Capital Misallocation[J]. China Economic Review, 2019, 57: 101338.

[37] Chen W., Tang H. The Dragon is Flying West: Micro – level Evidence of Chinese Outward Direct Investment[J]. Asian Development Review, 2014, 31(2): 109 – 140.

[38] Cornaggia J., Mao Y., Tian X., et al. Does Banking Competition Affect Innovation? [J]. Journal of Financial Economics, 2015, 115(1): 189 – 209.

[39] Cuervo – Cazurra A., Narula R., Un C. A. Internationalization Motives: Sell more, Buy Better, Upgrade and Escape[J]. The Multinational Business Review, 2015, 23(1): 25 – 35.

[40] Cuervo-Cazurra A., Ramamurti R. Home Country Underdevelopment and Internationalization[J]. Competitiveness Review: An International Business Journal, 2017.

[41] Cui L., Jiang F. State Ownership Effect on Firms' FDI Ownership Decisions under Institutional Pressure: A Study of Chinese Outward-Investing Firms[M]//State-Owned Multinationals. Palgrave Macmillan, Cham, 2018: 111-144.

[42] Custodio C., Ferreira M. A. and Laureano L. Why are US Firms Using More Short-term Debt? [J]. Journal of Financial Economics, 2013, 108: 182-212.

[43] Dai X. Y., Cheng L. W. Aggregate Productivity Losses from Factor Misallocation Across Chinese Manufacturing Firms[J]. Economic Systems, 2018 (8): 1-12.

[44] David J. M., Hopenhayn H. A., Venkateswaran V. Information, Misallocation, and Aggregate Productivity[J]. The Quarterly Journal of Economics, 2016, 131(2): 943-1005.

[45] David J. M., Venkateswaran V. The Sources of Capital Misallocation [J]. American Economic Review, 2019, 109(7): 2531-67.

[46] Demir F. Capital Market Imperfections and Financialization of Real Sectors in Emerging Markets: Private Investment and Cash Flow Relationship Revisited[J]. World Development, 2009a, 37(5): 953-964.

[47] Demir F. Financial Liberalization, Private Investment and Portfolio Choice: Financialization of Real Sectors in Emerging Markets[J]. Journal of Development Economics, 2009b, 88(2): 314-324.

[48] Ding S., Guariglia A., Knight J. Investment and Financing Constraints in China: Does Working Capital Management Make A Difference? [J]. Journal of Banking & Finance, 2013, 37(5): 1490-1507.

[49] Du J., Li C., Wang Y. A Comparative Study of Shadow Banking Ac-

tivities of Non – Financial Firms in Transition Economies[J]. China Economic Review, 2017, 46: S35 – S49.

[50] Duchin R., Gilbert T., Harford J., et al. Precautionary Savings with Risky Assets: When Cash Is Not Cash[J]. The Journal of Finance, 2017, 72(2): 793 – 852.

[51] Dunning J. H., Lundan S. M. Institutions and the OLI Paradigm of the Multinational Enterprise[J]. Asia Pacific Journal of Management, 2008, 25(4): 573 – 593.

[52] Ek C., Wu G. L. Investment – Cash Flow Sensitivities and Capital Misallocation[J]. Journal of Development Economics, 2018, 133: 220 – 230.

[53] Fan J., Titman S. and Twite G. An International Comparison of Capital Structure and Debt Maturity Choices[J]. Journal of Financial and Quantitative Analysis, 2012, 47: 23 – 56.

[54] Gersbach H., Rochet J. C. Capital Regulation and Credit Fluctuations[J]. Journal of Monetary Economics, 2017(90): 113 – 124.

[55] Gilchrist S., Sim J. W., Zakrajsek E. Misallocation and Financial Market Frictions: Some Direct Evidence from the Dispersion in Borrowing Costs[J]. Review of Economic Dynamics, 2013, 16(1): 159 – 176.

[56] Gopinath G., Kalemli – Ozcan S. E., Karabarbounis L. Villegas – Sanchez C. Capital Allocation and Productivity in South Europe[J]. The Quarterly Journal of Economics, 2017, 132(4): 1915 – 1967.

[57] Greenaway D., Kneller R. Firm Heterogeneity, Exporting and Foreign Direct Investment[J]. The Economic Journal, 2007, 117(517): F134 – F161.

[58] Greenwood J., Sanchez J. M., Wang C. Quantifying the Impact of Financial Development on Economic Development[J]. Review of Economic Dynamics, 2013, 16(1): 194 – 215.

[59] Hall B. H., Lerner J. The Financing of R&D and Innovation[M]// Handbook of the Economics of Innovation. North – Holland, 2010, 1:

609 – 639.

[60] Hall B. H. The Financing of Research and Development[J]. Oxford Review of Economic Policy, 2002, 18(1): 35 – 51.

[61] Hashai N., Buckley P. J. Is Competitive Advantage A Necessary Condition for the Emergence of the Multinational Enterprise? [J]. Global Strategy Journal, 2014, 4(1): 35 – 48.

[62] Helpman E., Melitz M. J., Yeaple S. R. Export versus FDI with Heterogeneous Firms [J]. American Economic Review, 2004, 94 (1): 300 – 316.

[63] Hirakata N., Sunakawa T. Financial Frictions, Capital Misallocation and Structural Change[J]. Journal of Macroeconomics, 2019, 61: 103 – 127.

[64] Hombert J., Matray A. The Real Effects of Lending Relationships on Innovative Firms and Inventor Mobility[J]. The Review of Financial Studies, 2017, 30(7): 2413 – 2445.

[65] Hsieh C. T., Klenow P. J. Misallocation and Manufacturing TFP in China and India[J]. The Quarterly Journal of Economics, 2009, 124 (4): 1403 – 1448.

[66] Huang J., Luo Y., Peng Y. Corporate Financial Asset Holdings under Economic Policy Uncertainty: Precautionary Saving or Speculating? [J]. International Review of Economics & Finance, 2019.

[67] Huang Y. China's Great Ascendancy and Structural Risks: Consequences of Asymmetric Market Liberalisation[J]. Asian - Pacific Economic Literature, 2010, 24(1): 65 – 85.

[68] Jensen M. C., Meckling W. H. Theory of the Firm: Managerial Behavior, Agency Costs and Ownership Structure[J]. Journal of Financial Economics, 1976, 3(4): 305 – 360.

[69] Johanssona A. C., Luob D. L., Ricknec J., Zheng W. Government Intervention in the Capital Allocation Process: Excess Employment as an IPO Se-

lection Rule in China[J]. China Economic Review, 2017, (44): 271 - 281.

[70] Johansson A. C., Feng X. The State Advances, the Private Sector Retreats? Firm Effects of China's Great Stimulus Programme[J]. Cambridge Journal of Economics, 2016, 40(6): 1635 - 1668.

[71] Kalemli - Ozcan S., Sorensen B., Yesiltas S. Leverage Across Firms, Banks, and Countries[J]. Journal of International Economics, 2012, 88(2): 284 - 298.

[72] Kaymak B., Schott I. Loss - offset Provisions in the Corporate Tax Code and Misallocation of Capital[J]. Journal of Monetary Economics, 2019, 105: 1 - 20.

[73] Koethenbuerger M., Stimmelmayr M. Taxing Multinationals in the Presence of Internal Capital Markets[J]. Journal of Public Economics, 2016, 138: 58 - 71.

[74] Kong Q., Guo R., Wang Y., et al. Home - country Environment and Firms' Outward Foreign Direct Investment Decision: Evidence from Chinese Firms[J]. Economic Modelling, 2019.

[75] Kubick T. R., Masli A. N. S. Firm - level Tournament Incentives and Corporate Tax Aggressiveness[J]. Journal of Accounting and Public Policy, 2016, 35(1): 66 - 83.

[76] Li H. C., Lee W. C., Ko B. T. What Determines Misallocation in Innovation? A Study of Regional Innovation in China[J]. Journal of Macroeconomics, 2017, 52: 221 - 237.

[77] Liu X., Jiang S. Bank Equity Connections, Intellectual Property Protection and Enterprise Innovation - A Bank Ownership Perspective[J]. China Journal of Accounting Research, 2016, 9(3): 207 - 233.

[78] Ljungwall C., Tingvall P. G. Is China Different? A Meta - Analysis of the Growth - Enhancing Effect from R&D Spending in China[J]. China Economic Review, 2015, 36: 272 - 278.

[79] Luo Y., Xue Q., Han B. How Emerging Market Governments Promote Outward FDI: Experience from China[J]. Journal of World Business, 2010, 45(1): 68-79.

[80] Mahmoudzadeh A., Nili M., Nili F. Real Effects of Working Capital Shocks: Theory and Evidence Frommicro Data[J]. The Quarterly Review of Economics and Finance, 2018(67): 191-218.

[81] Mann W. Creditor Rights and Innovation: Evidence from Patent Collateral[J]. Journal of Financial Economics, 2018, 130(1): 25-47.

[82] Marconi D., Upper C. Capital Misallocation and Financial Development: A Sector-Level Analysis[R]. Bis Working Papers, 2017.

[83] Meyer K. E., Ding Y., Li J., et al. Overcoming Distrust: How State-Owned Enterprises Adapt Their Foreign Entries to Institutional Pressures Abroad[M]//State-Owned Multinationals. Palgrave Macmillan, Cham, 2018: 211-251.

[84] Midrigan V., Xu D. Y. Finance and Misallocation: Evidence from Plant-level Data[J]. American Economic Review, 2014, 104(2): 422-58.

[85] Moll B. Productivity Losses from Financial Frictions: Can Self-Financing Undo Capital Misallocation? [J]. American Economic Review, 2014, 104(10): 3186-3221.

[86] Murphy K. M., Shleifer A., Vishny R. W. Why is Rent-Seeking so Costly to Growth? [J]. The American Economic Review, 1993, 83(2): 409-414.

[87] Nanda R., Nicholas T. Did Bank Distress Stifle Innovation During the Great Depression? [J]. Journal of Financial Economics, 2014, 114(2): 273-292.

[88] Oberfield E. Productivity and Misallocation During a Crisis: Evidence from the Chilean Crisis of 1982[J]. Review of Economic Dynamics, 2013, (16): 100-119.

[89] Peres M., Ameer W., Xu H. The Impact of Institutional Quality on Foreign Direct Investment Inflows: Evidence for Developed and Developing Countries[J]. Economic Research – Ekonomska istraivanja, 2018, 31(1): 626-644.

[90] Peyer U., Vermaelen T. Political Affiliation and Dividend Tax Avoidance: Evidence from the 2013 Fiscal Cliff[J]. Journal of Empirical Finance, 2016, 35: 136-149.

[91] Pratap S., Urrutia C. Credit, Misallocation and Productivity Growth: A Disaggregated Analysis[M]. Felipe Meza. 2017.

[92] Radim B., Hugo R. M. Misallocation of Capital in a Model of Endogenous Financial Intermediation and Insurance[R]. Barcelona GSE Working Paper, 2011.

[93] Ramasamy B., Yeung M., Laforet S. China's Outward Foreign Direct Investment: Location Choice and Firm Ownership[J]. Journal of World Business, 2012, 47(1): 17-25.

[94] Restuccia D., Rogerson R. Policy Distortions and Aggregate Productivity with Heterogeneous Establishments[J]. Review of Economic Dynamics, 2008, 11(4): 707-720.

[95] Richardson G., Wang B., Zhang X. Ownership Structure and Corporate Tax Avoidance: Evidence from Publicly Listed Private Firms in China[J]. Journal of Contemporary Accounting & Economics, 2016, 12(2): 141-158.

[96] Robb A. M., Robinson D. T. The Capital Structure Decisions of New Firms[J]. The Review of Financial Studies, 2014, 27(1): 153-179.

[97] Santos R. S., Qin L. Risk Capital and Emerging Technologies: Innovation and Investment Patterns Based on Artificial Intelligence Patent Data Analysis[J]. Journal of Risk and Financial Management, 2019, 12(4): 189.

[98] Sevcik P. Financial Frictions, Internal Capital Markets, and Theorganization of Production[J]. Review of Economic Dynamics, 2015(18):

505-522.

[99] Shi W. S., Sun S. L., Yan D., et al. Institutional Fragility and Outward Foreign Direct Investment from China[J]. Journal of International Business Studies, 2017, 48(4): 452-476.

[100] Shin M., Kim S. The Effects of Cash Holdings on R&D Smoothing of Innovative Small and Medium Sized Enterprises[J]. Asian Journal of Technology Innovation, 2011, 19(2): 169-183.

[101] Song Z., Xiong W. Risks in China's Financial System[J]. Annual Review of Financial Economics, 2018, 10: 261-286.

[102] Spatareanu M., Manole V., Kabiri A. Do Bank Liquidity Shocks Hamper Firms' Innovation? [J]. International Journal of Industrial Organization, 2019.

[103] Stal E., Cuervo-Cazurra A. The Investment Development Path and FDI from Developing Countries: The Role of Pro-market Reforms and Institutional Voids[J]. Latin American Business Review, 2011, 12(3): 209-231.

[104] Stoian C., Mohr A. Outward Foreign Direct Investment from Emerging Economies: Escaping Home Country Regulatory Voids[J]. International Business Review, 2016, 25(5): 1124-1135.

[105] Stoian C. Extending Dunning's Investment Development Path: The Role of Home Country Institutional Determinants in Explaining Outward Foreign Direct Investment [J]. International Business Review, 2013, 22(3): 615-637.

[106] Sun X., Li H., Ghosal V. Firm-level Human Capital and Innovation: Evidence from China[J]. China Economic Review, 2020, 59: 101388.

[107] Tombe T., Winter J. Environmental Policy and Misallocation: The Productivity Effect of Intensity Standards [J]. Journal of Environmental Economics&Management, 2015, 72: 137-163.

[108] Ullah B., Wei Z. Bank Financing and Firm Growth: Evidence from

Transition Economies[J]. Journal of Financial Research, 2017, 40(4): 507-534.

[109] Wei S. J., Xie Z., Zhang X. From "Made in China" to "Innovated in China": Necessity, Prospect, and Challenges[J]. Journal of Economic Perspectives, 2017, 31(1): 49-70.

[110] Wu G. L. Capital Misallocation in China: Financial Frictions or Policy Distortions?[J]. Journal of Development Economics, 2018, 130: 203-223.

[111] Wu J., Chen X. Home Country Institutional Environments and Foreign Expansion of Emerging Market Firms[J]. International Business Review, 2014, 23(5): 862-872.

[112] Xu X., Li W., Li Y., et al. Female CFOs and Corporate Cash Holdings: Precautionary Motive or Agency Motive?[J]. International Review of Economics & Finance, 2019, 63: 434-454.

[113] Yang Z., Shao S., Li C., et al. Alleviating the Misallocation of R&D Inputs in China's Manufacturing Sector: From the Perspectives of Factor-biased Technological Innovation and Substitution Elasticity[J]. Technological Forecasting and Social Change, 2020, 151: 1-13.

[114] Yu S., Qian X., Liu T. Belt and Road Initiative and Chinese Firms' Outward Foreign Direct Investment[J]. Emerging Markets Review, 2019, 41: 100629.

[115] Zhang M., Lijun M., Zhang B., et al. Pyramidal Structure, Political Intervention and Firms' Tax Burden: Evidence from China's Local SOEs[J]. Journal of Corporate Finance, 2016, 36: 15-25.

[116] 白俊红, 卞元超. 要素市场扭曲与中国创新生产的效率损失[J]. 中国工业经济, 2016(11): 39-55.

[117] 白云霞, 邱穆青, 李伟. 投融资期限错配及其制度解释——来自中美两国金融市场的比较[J]. 中国工业经济, 2016(7): 23-39.

[118]白云霞,唐伟正,刘刚.税收计划与企业税负[J].经济研究,2019,54(5):98-112.

[119]才国伟,杨豪.外商直接投资能否改善中国要素市场扭曲[J].中国工业经济,2019(10):42-60.

[120]曹越,陈文瑞,鲁昱.环境规制会影响公司的税负吗?[J].经济管理,2017,39(7):163-182.

[121]陈诗一,陈登科.中国资源配置效率动态演化——纳入能源要素的新视角[J].中国社会科学,2017(4):67-83,206-207.

[122]陈诗一,刘朝良,冯博.资本配置效率、城市规模分布与福利分析[J].经济研究,2019,54(2):133-147.

[123]陈小亮,陈伟泽.垂直生产结构、利率管制和资本错配[J].经济研究,2017,52(10):98-112.

[124]陈晓光.财政压力、税收征管与地区不平等[J].中国社会科学,2016(4):53-70,206.

[125]戴静,张建华.金融所有制歧视、所有制结构与创新产出——来自中国地区工业部门的证据[J].金融研究,2013(5):86-98.

[126]戴魁早,刘友金.要素市场扭曲如何影响创新绩效[J].世界经济,2016a,39(11):54-79.

[127]戴魁早,刘友金.要素市场扭曲与创新效率——对中国高技术产业发展的经验分析[J].经济研究,2016b,51(7):72-86.

[128]戴泽伟,潘松剑.高管金融经历与实体企业金融化[J].世界经济文汇,2019(2):76-99.

[129]戴赜,彭俞超,马思超.从微观视角理解经济"脱实向虚"——企业金融化相关研究述评[J].外国经济与管理,2018,40(11):31-43.

[130]邓新明,熊会兵,李剑峰,侯俊东,吴锦峰.政治关联、国际化战略与企业价值——来自中国民营上市公司面板数据的分析[J].南开管理评论,2014,17(1):26-43.

[131]杜思正,冼国明,冷艳丽.中国金融发展、资本效率与对外投资

水平[J].数量经济技术经济研究,2016,33(10):17-36.

[132]杜勇,邓旭.中国式融资融券与企业金融化——基于分批扩容的准自然实验[J].财贸经济,2020(1):1-15.

[133]杜勇,谢瑾,陈建英.CEO金融背景与实体企业金融化[J].中国工业经济,2019(5):136-154.

[134]范子英,田彬彬.政企合谋与企业逃税:来自国税局长异地交流的证据[J].经济学(季刊),2016,15(4):1303-1328.

[135]盖地,胡国强.税收规避与财务报告成本的权衡研究——来自中国2008年所得税改革的证据[J].会计研究,2012(3):20-25,94.

[136]盖庆恩,方聪龙,朱喜,程名望.贸易成本、劳动力市场扭曲与中国的劳动生产率[J].管理世界,2019,35(3):64-80,206-207.

[137]盖庆恩,朱喜,程名望,史清华.要素市场扭曲、垄断势力与全要素生产率[J].经济研究,2015,50(5):61-75.

[138]高培勇.论完善税收制度的新阶段[J].经济研究,2015,50(2):4-15.

[139]高山行,肖振鑫,高宇.企业制度资本对创新倾向的影响研究[J].科学学研究,2019,37(8):1489-1497.

[140]龚关,胡关亮.中国制造业资源配置效率与全要素生产率[J].经济研究,2013,48(4):4-15,29.

[141]辜胜阻,庄芹芹.资本市场功能视角下的企业创新发展研究[J].中国软科学,2016(11):4-13.

[142]辜胜阻.金融是使文化创意产业成为支柱的引擎[J].中国流通经济,2011(1):10-12.

[143]韩珣,田光宁,李建军.非金融企业影子银行化与融资结构——中国上市公司的经验证据[J].国际金融研究,2017(10):44-54.

[144]胡国柳,赵阳,胡珺.D&O保险、风险容忍与企业自主创新[J].管理世界,2019,35(8):121-135.

[145]胡奕明,王雪婷,张瑾.金融资产配置动机:"蓄水池"或"替

代"? ——来自中国上市公司的证据[J]. 经济研究,2017,(1):181-194.

[146]黄策,张书瑶. 地方政府规模、产权性质与企业税负——基于中国上市公司的实证研究[J]. 世界经济文汇,2018(2):85-104.

[147]黄速建,肖红军,王欣. 论国有企业高质量发展[J]. 中国工业经济,2018(10):19-41.

[148]黄贤环,王瑶. 集团内部资本市场与企业金融资产配置:"推波助澜"还是"激浊扬清"[J]. 财经研究,2019,45(12):124-137.

[149]黄益平. 对外直接投资的"中国故事"[J]. 国际经济评论,2013(1):20-33+4.

[150]纪洋,谭语嫣,黄益平. 金融双轨制与利率市场化[J]. 经济研究,2016,51(6):45-57.

[151]纪洋,王旭,谭语嫣,黄益平. 经济政策不确定性、政府隐性担保与企业杠杆率分化[J]. 经济学(季刊),2018,17(2):449-470.

[152]冀相豹,王大莉. 金融错配、政府补贴与中国对外直接投资[J]. 经济评论,2017(2):62-75.

[153]简泽,徐扬,吕大国,卢任,李晓萍. 中国跨企业的资本配置扭曲:金融摩擦还是信贷配置的制度偏向[J]. 中国工业经济,2018(11):24-41.

[154]蒋冠宏,曾靓. 融资约束与中国企业对外直接投资模式:跨国并购还是绿地投资[J]. 财贸经济,2020(1):1-14.

[155]蒋冠宏,蒋殿春. 绿地投资还是跨国并购:中国企业对外直接投资方式的选择[J]. 世界经济,2017,40(7):126-146.

[156]金祥荣,李旭超,鲁建坤. 僵尸企业的负外部性:税负竞争与正常企业逃税[J]. 经济研究,2019,54(12):70-85.

[157]靳来群,林金忠,丁诗诗. 行政垄断对所有制差异所致资源错配的影响[J]. 中国工业经济,2015(4):31-43.

[158]鞠晓生,卢荻,虞义华. 融资约束、营运资本管理与企业创新可持续性[J]. 经济研究,2013,48(1):4-16.

[159] 赖敏. 土地要素错配阻碍了中国产业结构升级吗?——基于中国 230 个地级市的经验证据[J]. 产业经济研究, 2019(2):39-49.

[160] 李建军, 韩珣. 非金融企业影子银行化与经营风险[J]. 经济研究, 2019,54(8):21-35.

[161] 李静, 楠玉, 刘霞辉. 中国经济稳增长难题:人力资本错配及其解决途径[J]. 经济研究, 2017,52(3):18-31.

[162] 李静, 楠玉. 人力资本错配下的决策:优先创新驱动还是优先产业升级?[J]. 经济研究, 2019,54(8):152-166.

[163] 李磊, 包群. 融资约束制约了中国工业企业的对外直接投资吗?[J]. 财经研究, 2015,41(6):120-131.

[164] 李磊, 冼国明, 包群. "引进来"是否促进了"走出去"?——外商投资对中国企业对外直接投资的影响[J]. 经济研究, 2018,53(3):142-156.

[165] 李明, 赵旭杰, 冯强. 经济波动中的中国地方政府与企业税负:以企业所得税为例[J]. 世界经济, 2016,39(11):104-125.

[166] 李平, 季永宝, 桑金琰. 要素市场扭曲对我国技术进步的影响特征研究[J]. 产业经济研究, 2014(5):63-71.

[167] 李青原, 李江冰, 江春, Kevin X. D. Huang. 金融发展与地区实体经济资本配置效率——来自省级工业行业数据的证据[J]. 经济学(季刊), 2013,12(2):527-548.

[168] 李童, 皮建才. 中国逆向与顺向 OFDI 的动因研究:一个文献综述[J]. 经济学家, 2019(3):43-51.

[169] 李晓龙, 冉光和, 郑威. 金融要素扭曲如何影响企业创新投资——基于融资约束的视角[J]. 国际金融研究, 2017(12):27-37.

[170] 李晓龙, 冉光和, 郑威. 金融要素扭曲的创新效应及其地区差异[J]. 科学学研究, 2018,36(3):558-568.

[171] 李晓龙, 冉光和. 中国金融抑制、资本扭曲与技术创新效率[J]. 经济科学, 2018(2):60-74.

[172]李欣泽,陈言. 金融摩擦与资源错配研究新进展[J]. 经济学动态,2018(9):100-114.

[173]李新春,肖宵. 制度逃离还是创新驱动?——制度约束与民营企业的对外直接投资[J]. 管理世界,2017(10):99-112,129,188.

[174]李旭超,鲁建坤,金祥荣. 僵尸企业与税负扭曲[J]. 管理世界,2018,34(4):127-139.

[175]李旭超,罗德明,金祥荣. 资源错置与中国企业规模分布特征[J]. 中国社会科学,2017(2):25-43,205-206.

[176]李永,王艳萍,孟祥月. 要素市场扭曲是否抑制了国际技术溢出[J]. 金融研究,2013(11):140-153.

[177]连立帅,陈超. 外资银行贷款与中国企业国际化——基于我国上市公司的经验证据[J]. 财贸经济,2017,38(2):77-92.

[178]林毅夫,李永军. 中小金融机构发展与中小企业融资[J]. 经济研究,2001(1):10-18,53-93.

[179]刘贯春,段玉柱,刘媛媛. 经济政策不确定性、资产可逆性与固定资产投资[J]. 经济研究,2019,54(8):53-70.

[180]刘贯春,张军,刘媛媛. 金融资产配置、宏观经济环境与企业杠杆率[J]. 世界经济,2018,41(1):148-173.

[181]刘贯春,张晓云,邓光耀. 要素重置、经济增长与区域非平衡发展[J]. 数量经济技术经济研究,2017,34(7):35-56.

[182]刘贯春. 金融资产配置与企业研发创新:"挤出"还是"挤入"[J]. 统计研究,2017,34(7):49-61.

[183]刘行,李小荣. 金字塔结构、税收负担与企业价值:基于地方国有企业的证据[J]. 管理世界,2012(8):91-105.

[184]刘行,叶康涛. 金融发展、产权与企业税负[J]. 管理世界,2014(3):41-52.

[185]刘慧龙,吴联生. 制度环境、所有权性质与企业实际税率[J]. 管理世界,2014(4):42-52.

[186] 刘继红,汪泓. 关联财务公司与公司税收筹划[J]. 南开管理评论,2019,22(6):114-126.

[187] 刘金东,管星华. 不动产抵扣是否影响了"脱实向虚"——一个投资结构的视角[J]. 财经研究,2019,45(11):112-125.

[188] 刘骏,刘峰. 财政集权、政府控制与企业税负——来自中国的证据[J]. 会计研究,2014(1):21-27+94.

[189] 刘莉亚,何彦林,王照飞,程天笑. 融资约束会影响中国企业对外直接投资吗?——基于微观视角的理论和实证分析[J]. 金融研究,2015(8):124-140.

[190] 刘啟仁,黄建忠. 企业税负如何影响资源配置效率[J]. 世界经济,2018,41(1):78-100.

[191] 刘盛宇,尹恒. 资本调整成本及其对资本错配的影响:基于生产率波动的分析[J]. 中国工业经济,2018(3):24-43.

[192] 刘伟,曹瑜强. 机构投资者驱动实体经济"脱实向虚"了吗[J]. 财贸经济,2018,39(12):80-94.

[193] 刘晓光,杨连星. 双边政治关系、东道国制度环境与对外直接投资[J]. 金融研究,2016(12):17-31.

[194] 刘忠,李殷. "所有制歧视"VS"规模歧视":谁对企业全要素生产率的危害更大——基于地区信贷腐败的视角[J]. 当代经济科学,2018,40(3):45-56+125-126.

[195] 刘忠,李殷. 税收征管、企业避税与企业全要素生产率——基于2002年企业所得税分享改革的自然实验[J]. 财贸经济,2019,40(7):5-19.

[196] 刘宗明,吴正倩. 中间产品市场扭曲会阻碍能源产业全要素生产率提升吗——基于微观企业数据的理论与实证[J]. 中国工业经济,2019(8):42-60.

[197] 柳永明,罗云峰. 外部盈利压力、多元化股权投资与企业的金融化[J]. 财经研究,2019,45(3):73-85.

[198]鲁桐,党印.公司治理与技术创新:分行业比较[J].经济研究,2014,49(6):115-128.

[199]罗党论,杨玉萍.产权、政治关系与企业税负——来自中国上市公司的经验证据[J].世界经济文汇,2013(4):1-19.

[200]罗来军,蒋承,王亚章.融资歧视、市场扭曲与利润迷失——兼议虚拟经济对实体经济的影响[J].经济研究,2016,51(4):74-88.

[201]罗鸣令,范子英,陈晨.区域性税收优惠政策的再分配效应——来自西部大开发的证据[J].中国工业经济,2019(2):61-79.

[202]吕冰洋,马光荣,毛捷.分税与税率:从政府到企业[J].经济研究,2016,51(7):13-28.

[203]吕越,邓利静.金融如何更好地服务实体企业对外直接投资?——基于中资银行"走出去"的影响与机制分析[J].国际金融研究,2019(10):53-63.

[204]吕越,陆毅,吴嵩博,王勇."一带一路"倡议的对外投资促进效应——基于2005—2016年中国企业绿地投资的双重差分检验[J].经济研究,2019,54(9):187-202.

[205]马红,侯贵生,王元月.产融结合与我国企业投融资期限错配——基于上市公司经验数据的实证研究[J].南开管理评论,2018,21(3):46-53.

[206]孟宪春,张屹山,李天宇.中国经济"脱实向虚"背景下最优货币政策规则研究[J].世界经济,2019,42(5):27-48.

[207]潘敏,袁歌骋.金融中介创新对企业技术创新的影响[J].中国工业经济,2019(6):117-135.

[208]彭俞超,韩珣,李建军.经济政策不确定性与企业金融化[J].中国工业经济,2018a(1):137-155.

[209]彭俞超,黄志刚.经济"脱实向虚"的成因与治理:理解十九大金融体制改革[J].世界经济,2018b,41(9):3-25.

[210]彭俞超,彭丹丹.金融业相对盈利性与经济增长——来自121个

国家的国际经验[J].国际金融研究,2018(8):23-32.

[211]蒲艳萍,成肖.经济集聚、市场一体化与地方政府税收竞争[J].财贸经济,2017,38(10):37-50.

[212]蒲艳萍,顾冉.劳动力工资扭曲如何影响企业创新[J].中国工业经济,2019(7):137-154.

[213]邱立成,杨德彬.中国企业OFDI的区位选择——国有企业和民营企业的比较分析[J].国际贸易问题,2015(6):139-147.

[214]施炳展,冼国明.要素价格扭曲与中国工业企业出口行为[J].中国工业经济,2012(2):47-56.

[215]施建军,夏传信,赵青霞,卢林.中国开放型经济面临的挑战与创新[J].管理世界,2018,34(12):13-18,193.

[216]施新政,高文静,陆瑶,李蒙蒙.资本市场配置效率与劳动收入份额——来自股权分置改革的证据[J].经济研究,2019,54(12):21-37.

[217]石绍宾,尹振东,汤玉刚.财政分权、融资约束与税收政策周期性[J].经济研究,2019,54(9):90-105.

[218]宋军,陆旸.非货币金融资产和经营收益率的U形关系——来自我国上市非金融公司的金融化证据[J].金融研究,2015(6):111-127.

[219]孙华臣,焦勇.制度扭曲与中国城乡收入差距:一个综合分解框架[J].财贸经济,2019,40(3):130-146.

[220]孙晓华,王昀,徐冉.金融发展、融资约束缓解与企业研发投资[J].科研管理,2015,36(5):47-54.

[221]田国强,赵旭霞.金融体系效率与地方政府债务的联动影响——民企融资难融资贵的一个双重分析视角[J].经济研究,2019,54(8):4-20.

[222]汪伟,潘孝挺.金融要素扭曲与企业创新活动[J].统计研究,2015,32(5):26-31.

[223]王碧珺,谭语嫣,余淼杰,黄益平.融资约束是否抑制了中国民营企业对外直接投资[J].世界经济,2015,38(12):54-78.

[224]王桂军,卢潇潇."一带一路"倡议与中国企业升级[J].中国工业经济,2019(3):43-61.

[225]王国刚.金融脱实向虚的内在机理和供给侧结构性改革的深化[J].中国工业经济,2018(7):5-23.

[226]王红建,曹瑜强,杨庆,杨筝.实体企业金融化促进还是抑制了企业创新——基于中国制造业上市公司的经验研究[J].南开管理评论,2017,20(1):155-166.

[227]王宁,史晋川.中国要素价格扭曲程度的测度[J].数量经济技术经济研究,2015,32(9):149-161.

[228]王文,牛泽东.资源错配对中国工业全要素生产率的多维影响研究[J].数量经济技术经济研究,2019,36(3):20-37.

[229]王小龙,余龙.财政转移支付的不确定性与企业实际税负[J].中国工业经济,2018(9):155-173.

[230]王勋.金融抑制与发展中国家对外直接投资[J].国际经济评论,2013(1):51-60+5.

[231]王亚星,李敏瑞.资本扭曲与企业对外直接投资——以全要素生产率为中介的倒逼机制[J].财贸经济,2017,38(1):115-129.

[232]王永钦,刘紫寒,李嫦,杜巨澜.识别中国非金融企业的影子银行活动——来自合并资产负债表的证据[J].管理世界,2015(12):24-40.

[233]王玉泽,罗能生,刘文彬.什么样的杠杆率有利于企业创新[J].中国工业经济,2019(3):138-155.

[234]王竹泉,段丙蕾,王苑琢,陈冠霖.资本错配、资产专用性与公司价值——基于营业活动重新分类的视角[J].中国工业经济,2017(3):120-138.

[235]文东伟.资源错配、全要素生产率与中国制造业的增长潜力[J].经济学(季刊),2019,18(2):617-638.

[236]吴先明,黄春桃.中国企业对外直接投资的动因:逆向投资与顺向投资的比较研究[J].中国工业经济,2016(1):99-113.

[237] 吴延兵. 不同所有制企业技术创新能力考察[J]. 产业经济研究, 2014(2):53-64.

[238] 肖忠意, 林琳. 企业金融化、生命周期与持续性创新——基于行业分类的实证研究[J]. 财经研究, 2019, 45(8):43-57.

[239] 谢攀, 林致远. 地方保护、要素价格扭曲与资源误置——来自 A 股上市公司的经验证据[J]. 财贸经济, 2016(2):71-84.

[240] 谢平, 陆磊. 资源配置和产出效应:金融腐败的宏观经济成本[J]. 经济研究, 2003(11):3-13,91.

[241] 徐超, 庞保庆, 张充. 降低实体税负能否遏制制造业企业"脱实向虚"[J]. 统计研究, 2019, 36(6):42-53.

[242] 薛爽, 都卫锋, 洪昀. CFO 影响力与企业税负水平——基于企业所有权视角的分析[J]. 财经研究, 2012, 38(10):57-67.

[243] 薛新红, 王忠诚. 中国 OFDI 对国内投资的影响:挤出还是挤入[J]. 国际商务(对外经济贸易大学学报), 2017(1):120-130.

[244] 闫海洲, 陈百助. 产业上市公司的金融资产:市场效应与持有动机[J]. 经济研究, 2018, 53(7):152-166.

[245] 杨继生, 黎娇龙. 制约民营制造企业的关键因素:用工成本还是宏观税负?[J]. 经济研究, 2018, 53(5):103-117.

[246] 杨理强, 陈少华, 陈爱华. 内部资本市场提升企业创新能力了吗?——作用机理与路径分析[J]. 经济管理, 2019, 41(4):175-192.

[247] 杨连星, 沈超海, 殷德生. 对外直接投资如何影响企业产出[J]. 世界经济, 2019, 42(4):77-100.

[248] 杨汝岱, 吴群锋. 企业对外投资与出口产品多元化[J]. 经济学动态, 2019(7):50-64.

[249] 杨胜刚, 阳旸. 资产短缺与实体经济发展——基于中国区域视角[J]. 中国社会科学, 2018(7):59-80,205-206.

[250] 杨筝, 刘放, 李茫茫. 利率市场化、非效率投资与资本配置——基于中国人民银行取消贷款利率上下限的自然实验[J]. 金融研究, 2017

(5):81-96.

[251]杨筝,刘放,王红建.企业交易性金融资产配置:资金储备还是投机行为?[J].管理评论,2017,29(2):13-25,34.

[252]杨筝,王红建,戴静,许传华.放松利率管制、利润率均等化与实体企业"脱实向虚"[J].金融研究,2019(6):20-38.

[253]姚惠泽,张梅.要素市场扭曲、对外直接投资与中国企业技术创新[J].产业经济研究,2018(6):22-35.

[254]余官胜.东道国金融发展和我国企业对外直接投资——基于动机异质性视角的实证研究[J].国际贸易问题,2015(3):138-145.

[255]张成思,张步昙.再论金融与实体经济:经济金融化视角[J].经济学动态,2015(6):56-66.

[256]张成思,刘贯春.最优金融结构的存在性、动态特征及经济增长效应[J].管理世界,2016(1):66-77.

[257]张成思,郑宁.中国实业部门金融化的异质性[J].金融研究,2019(7):1-18.

[258]张杰,杨连星.资本错配、关联效应与实体经济发展取向[J].改革,2015(10):32-40.

[259]张杰,刘元春,翟福昕,芦哲.银行歧视、商业信用与企业发展[J].世界经济,2013,36(9):94-126.

[260]张杰,周晓艳,李勇.要素市场扭曲抑制了中国企业R&D?[J].经济研究,2011,46(8):78-91.

[261]张军,王永钦.大转型:中国经济改革的过去、现在与未来[M].上海:格致出版社,2019.

[262]张慕濒,孙亚琼.金融资源配置效率与经济金融化的成因——基于中国上市公司的经验分析[J].经济学家,2014(4):81-90.

[263]张庆君,李萌.金融错配、企业资本结构与非效率投资[J].金融论坛,2018,23(12):21-36.

[264]张庆君.要素市场扭曲、跨企业资源错配与中国工业企业生产率

[J].产业经济研究,2015(4):41-50.

[265]张夏,汪亚楠,施炳展.事实汇率制度选择、企业生产率与对外直接投资[J].金融研究,2019(10):1-20.

[266]张璇,李子健,李春涛.银行业竞争、融资约束与企业创新——中国工业企业的经验证据[J].金融研究,2019(10):98-116.

[267]张璇,刘贝贝,汪婷,李春涛.信贷寻租、融资约束与企业创新[J].经济研究,2017,52(5):161-174.

[268]张一林,林毅夫,龚强.企业规模、银行规模与最优银行业结构——基于新结构经济学的视角[J].管理世界,2019,35(3):31-47,206.

[269]赵甜,方慧.OFDI与中国创新效率的实证研究[J].数量经济技术经济研究,2019,36(10):58-76.

[270]钟凯,程小可,张伟华.货币政策适度水平与企业"短贷长投"之谜[J].管理世界,2016(3):87-98,114,188.

[271]周经,王尐.国内市场分割影响了中国对外直接投资吗——基于企业微观数据的实证研究[J].国际贸易问题,2019(11):61-76.

[272]朱荃,张天华.中国企业对外直接投资存在"生产率悖论"吗——基于上市工业企业的实证研究[J].财贸经济,2015(12):103-117.

[273]资本市场改革课题组.创新驱动高质量发展要深化资本市场改革——兼谈科创板赋能创新发展[J].经济学动态,2019(10):93-100.

[274]宗芳宇,路江涌,武常岐.双边投资协定、制度环境和企业对外直接投资区位选择[J].经济研究,2012,47(5):71-82,146.

[275]邹萍."言行一致"还是"投桃报李"？——企业社会责任信息披露与实际税负[J].经济管理,2018,40(3):159-177.

附 录

附表1 融资约束的中介效应分析：外资企业

变量	(1) SA	(2) INN	(3) INQ	(4) INR
MISK	-0.0006 (-0.48)	-0.0258 (-1.05)	-0.0319 (-0.21)	0.0424 (1.22)
SA		-1.1703** (-2.28)	1.8675 (0.60)	0.3045 (0.83)
lnsize	0.0125*** (4.79)	0.1740*** (3.50)	0.8785*** (2.90)	0.0636 (1.63)
Lev	-0.0506*** (-20.27)	-0.0498 (-0.92)	0.1911 (0.58)	1.3547*** (5.17)
ROA	0.0003*** (22.00)	0.0004 (1.09)	-0.0010 (-0.48)	-0.0081*** (-2.82)
Tobin Q	0.0001*** (21.09)	0.0002 (1.04)	-0.0005 (-0.54)	0.0559** (2.54)
Fix	0.0127 (0.80)	0.1797 (0.60)	-5.7655*** (-3.14)	-0.5988** (-2.21)
Top10	-0.0003*** (-3.95)	0.0043*** (2.66)	-0.0050 (-0.50)	-0.0055** (-2.13)
Liquidity	-0.0007** (-2.05)	0.0045 (0.74)	-0.0760** (-2.07)	0.0014 (0.17)
Invest	-0.0465 (-1.52)	1.1630** (2.01)	15.3527*** (4.35)	1.7699* (1.94)

续表

变量	(1) SA	(2) INN	(3) INQ	(4) INR
Duality	0.0001 (0.03)	0.1283* (1.74)	−1.1130** (−2.48)	0.0699 (0.73)
State	−0.0105 (−0.38)	−0.4395 (−0.83)	−3.8990 (−1.21)	0.5218 (1.24)
Mhold	0.0005 (1.51)	−0.0148*** (−2.60)	0.0306 (0.88)	−0.0226*** (−3.79)
C	1.0537*** (31.92)	0.0799 (0.10)	−13.1615*** (−2.61)	0.9361 (1.12)
N	1757	1757	1757	1482
R^2	0.4544	0.2704	0.0518	

注：***、**、*分别表示统计值在1%、5%、10%的显著性水平下显著，括号内数值为 t 统计量。

索 引

B

避税动机　35

避税投资　13

边际产品　41

C

财政分权　35

财政支出刚性　35

产出扭曲　41

财政压力　60

创新数量　12

创新质量　12

创新风险　7

创新损失　8

C-D 生产函数　40

超额利润　49

创造性破坏　60

创业板上市企业　4

差异化策略　54

长期股权投资　95

D

对外直接投资　7

短贷长投　12

典型事实　2

大型企业　25

道德风险　16

大企业　4

法定税率　150

F

发展中国家　18

分税制　60

G

规模歧视　5

股权融资　23

国内投资　13

国有企业　4

高收入国家　133

公司治理　11

H

海外投资　8

宏观调控　6

J

金融摩擦　5

金融发展　5

金融抑制　2

经济政策不确定性　11

金融利率管制　25

金融双轨制　3

金融套利　54

交易性金融资产　26

金融风险　6

攫取之手　61

挤出效应　70

技术密集型　10

金融渠道获利　12

经济金融化　7

减税降费　13

K

可供出售金融资产　95

开放型经济　118

L

利差收益　27

劳动力工资扭曲　25

利润最大化　6

劳动密集型　10

列收列支　170

M

母国金融发展　32

民营企业　4

N

逆向选择　16

"逆梯度"投资　118

Q

企业创新　7

企业金融化 8

全要素生产率 1

企业对外直接投资 7

企业规模 5

企业税负 9

R

融资约束 7

S

所有制歧视 25

生产率损失 4

市场均衡 40

实体利润率 12

"顺梯度"投资 118

实际税负 13

实质性创新 45

T

脱虚向实 26

投机活动 26

投资性房地产 95

投资区位 32

投资决策 6

W

违约风险 57

X

信贷寻租 25

小企业 4

Y

要素密集度 10

要素市场扭曲 6

预防性储蓄动机 26

央地关系 35

异质性企业垄断竞争模型 9

优胜劣汰 60

抑制效应 16

衍生金融资产 95

Z

资本边际收益率 3

债务融资 23

制度扭曲 15

正规金融 3

资本错配 1

中小型企业 28

政企关系 35

转移支付　35

制度逃离　31

最终产品　40

主板上市企业　4

中小板上市企业　161

资本密集型　10

制造业空心化　55

中低收入国家　133

政府补贴　13